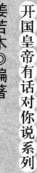

开国皇帝有话对你说系列

姜若木 ◎ 编著

彪炳史册，震烁中外；杰出帝王，演绎辉煌。牛倌丐僧万世开太平；亲兵军官一朝定乾坤。

铁血建功

有话对你说

朱元璋

中国书籍出版社
China Book Press

图书在版编目（CIP）数据

铁血建功：朱元璋有话对你说 / 姜若木 编著. —北京：中国书籍出版社，
2013.4（2021.6重印）
ISBN 978－7－5068－3421－6

Ⅰ.①铁… Ⅱ.①姜… Ⅲ.①朱元璋（1328～1398）—人物研究 Ⅳ.①K827=48

中国版本图书馆CIP数据核字（2013）第065324号

铁血建功：朱元璋有话对你说

姜若木　编著

责任编辑　杨铠瑞
责任印制　孙马飞　马　芝
封面设计　高　杨
出版发行　中国书籍出版社
地　　址　北京市丰台区三路居路97号（邮编：100073）
电　　话　（010）52257143（总编室）　　（010）52257153（发行部）
电子邮箱　chinabp@vip.sina.com
经　　销　全国新华书店
印　　刷　北京洲际印刷有限责任公司
开　　本　710毫米×1000毫米　1/16
印　　张　16
字　　数　200千字
版　　次　2013年6月第1版　　2021年6月第2次印刷
书　　号　ISBN 978-7-5068-3421-6
定　　价　49.80元

前言

　　我们翻开看历史会发现，在中国的历代开国皇帝的记述中，只有朱元璋的出身最为低微，也只有朱元璋的奋斗历史最为曲折。在一个草根的时代中，草根的成功是最具有榜样力量的。朱元璋的奋斗历史，最能够给我们当今时代的人们打气加油，毕竟，一个被环境所迫，曾经靠乞讨为生的人，走上了人世间最高的宝座，这对于所有人都是一种激励。

　　朱元璋生于贫民家庭，直到成年之前，他都生活在苦难的挣扎中。元朝末年，蒙古政权的统治日益腐败，民族矛盾以及阶级矛盾日益尖锐激化，再加上天灾频繁，农民生活衣食无着，贫苦百姓走投无路。朱元璋就生活在这样一种环境中，忍无可忍的朱元璋最终选择了反抗，他投身起义队伍，开始走上了曲折的创业之路。

　　朱元璋在掌握了自己的军事力量之后，开始了长达13年的统一战争，在此期间，他凭借着自己的实力和智慧，屡败强敌，在其生命中，最辉煌的战例就是以20万军队对战陈友谅60万大军，最终以少胜多，奠定了自己的军事实力。

　　1368年，朱元璋在应天称帝，国号大明。同年将元顺帝赶出北京。朱元璋不断消灭各路割据势力，最终建立了一个统一的王朝。在他执政30年中，国家逐渐富强，其统治时期历史上称为"洪武之治"。

铁血建功

朱元璋有话对你说

朱元璋以一个放牛娃开始，逐渐成长为一代帝王，开创了近300年的大明王朝的基业，是历史上最具有激励价值的典型，可以说他是中国历代皇帝中成功的一个典范。

历史从来不会等待任何人的脚步，朱元璋带着他的辉煌在历史的星空中成为了一颗耀眼的明星。当今社会的人们距离朱元璋已经很遥远了，但是朱元璋的奋斗之路，却能够给予我们很多的启迪和激励。朱元璋用自身的现实告诉我们，从草根到帝王并不是传说，有些事，只要我们肯去做，终究会有成功的一天。

本书重点撷取朱元璋一生中的历史片段进行了整理汇编，并对其中所蕴含的人生哲理进行了加工整理，希望读者能通过对本书的阅读，通过和朱元璋的交流，了解朱元璋的成功之路，并从中借鉴学习，最终用以激励自己、指引自己，勇敢地去追求属于自己的成功。

目 录

第一章

朱元璋身处苦难，这反倒成为他的一笔巨大的财富。"猝然临之而不惊，无故加之而不怒"的朱元璋，往往能在各种事件面前镇定自若，越是令人绝望的时刻，越是能激发出他潜在的冷静与机智，所以他常常在紧张而复杂的困境中，分清利害，找准最佳路径，最终攀上权力之巅。

朱元璋对你说磨难

目 录

铁血建功

朱元璋有话对你说

第二章

·····

朱元璋对你说顺势而为

一个人，一个企业，甚至一个国家，其存在和发展都要依靠时代的潮流。当今世界日新月异，观念迭变，竞争日趋激烈。如何才能让自己在激烈的竞争中立于不败之地？答案只有一个：把握时代的脉搏。朱元璋就是抓住了时代的契机，在准确把握时代潮流的前提下，一步一步地发展起来，最终成就了一代霸业。

第三章

·····

朱元璋对你说策略

古往今来，由一介布衣成就功名的人不少，但是能够以正确的战略战术，步步高升，最后登上权力顶峰，取得帝位的人则少而又少。朱元璋就是名副其实的白手起家的运权高手。朱元璋在运用权力的时候，非常讲究策略和计谋。他以守为攻，刚柔相济，以缓应急，在夹缝中求得生存，在斗争中成长，在蓄势中取得成功。

一个人的成功，离不开正确的战略策略。在朱元璋走向成功的过程中，战略策略起了非常重要的作用。俗话说，战略决定成败。在成功的战略策略指导下，朱元璋完成了从横吹牧笛的放牛娃到独当一面的军事统帅，再到居九五之尊的一代帝王的角色转变。今天，当我们翻开尘封的历史，细品朱元璋的成功经验时，我们不能不感叹：他是一位具有宏图大略的帝王。

第四章

朱元璋对你说如何确定战略战术

用人之道是一套系统的学问，朱元璋在创业过程中一个最大的亮点就是他能够吸引众多的饱学之士来到自己的阵营之中，为自己争夺天下敬献锦囊妙计。如果仅凭朱元璋的一己之力，他是无法从一个放牛娃变成君临天下的最高统治者的。因此，朱元璋的用人之道历来为史家津津乐道。今天，就让我们拨开历史的迷雾，还原历史的真相，看一看朱元璋在用人方面的谋略及其功效。

第五章

朱元璋对你说用人之道

目 录

铁血建功

朱元璋有话对你说

第六章

朱元璋对你说气度

人们常说："将军额上能跑马，宰相肚里可撑船。"由此可见，成功人士都是气度非凡的。一个人的气度可以决定他做事的眼光，做事的眼光则决定了做事的格局，而格局则会决定最终的成败。所以说，个人气度，最终决定了一个人的成就大小。

第七章

朱元璋对你说管理

没有规矩，不成方圆；没有管理，难成大器。在竞争日益激烈的今天，领导管理之所以不断地被强调，甚至逐渐发展成为一门专业的学问，是在于优秀的领导管理能够合理调度资源，提高效率，降低成本，实现资源的最佳整合，从而更优化地实现团队共同的目标。在管理方面，朱元璋做得很好，他将自己能够掌握的资源，通过自己的管理，发挥到了极致，最终获得了成功。

第八章

朱元璋对你说修身齐家之道

在我国古代经典《大学》中，对人生有着如下的规划：物格而后知至；知至而后意诚；意诚而后心正；心正而后身修；身修而后家齐；家齐而后国治；国治而后天下平。意思是获得知识的途径在于认知研究万事万物。通过对万事万物的认识研究，才能获得知识；获得知识后，意念才能真诚；意念真诚后，心思才能端正；心思端正后，才能修养品性；品性修养后，才能管理好家庭家族；家庭家族管理好了，才能治理好国家；治理好国家后天下才能太平。古代贤者无不奉之为经典。

目

录

第 一 章

朱元璋对你说 磨难

朱元璋身处苦难，这反倒成为他的一笔巨大的财富。"猝然临之而不惊，无故加之而不怒"的朱元璋，往往能在各种事件面前镇定自若，越是令人绝望的时刻，越是能激发出他潜在的冷静与机智，所以他常常在紧张而复杂的困境中，分清利害，找准最佳路径，最终攀上权力之巅。

在苦难中磨炼

有位哲人曾经说过：人生，就是一种经历。这话是很有道理的，人生中的悲欢离合，包括我们忍受的苦难，都是一种经历，是一种财富，苦难磨练了我们的心性，砥砺了我们的意志，将我们雕琢成有用之才。我们要学习的，就是在苦难中不放弃，经受一番风雨的洗礼，迎接自己的彩虹。

朱元璋早期的生活，其中充斥着太多的苦难。据说朱元璋的母亲陈氏在生下他之前做了一个梦，梦见一个风度翩翩的道士从西北方向走来，这个道士友好地递给她一个药丸，然后很坦白地告诉她："吃了它，这是好东西。"

梦里的陈氏想也没想，就吞下药丸。之后，便生下了朱元璋，当然，那时他还不叫朱元璋，而叫朱重八（以后统一称呼为朱元璋）。大家知道，在元朝如果你没当官又不读书，是没有资格有名字的。没有名字只好用数字代替了，就像监狱里面犯人的编号一样。

元末是个多灾多难的年头，熟读历史的人都了解，旱灾、蝗灾、瘟疫、人吃人等等，这些事情一旦凑热闹似的出现，似乎总预示着天下有大事发生。我们来看看凤阳的一段花鼓：

说凤阳，道凤阳，凤阳本是好地方；

自从出了朱洪武，十年倒有九年荒。

十年有九年荒，可能夸张了点，但可以想象当时的天灾人祸有多严重。这段花鼓，把凤阳的天灾推到朱元璋身上，有点不厚道。我们只能猜测，朱元璋后来当上皇帝后，没有特别照顾乡亲们，所以大家对他不满，这是可以理解的，明初的功臣宿将很多出身凤阳，后来许多人头落地，凤阳自然不满朱元璋对老乡动刀。

朱元璋生活在元末这个动荡的时代，是不幸，也是幸运。

朱元璋最开始的时候叫朱重八。朱重八的父亲叫朱五四，听这个名字我们就能体会到"子以父贱"的道理，谁让你朱重八没投胎到富贵人家，活该受苦的命。不过，朱元璋并没有抱怨上天不公，从小就挑起生活的担子，穷人家的孩子早当家。

朱五四是个老实巴交的农民，面朝黄土背朝天之外，他还搞些副业：自己打豆腐卖，帮别人做些零工。但就算朱五四一天忙个不停，一家老小还是经常饿肚子，当时经济不景气，朱五四的级别还赶不上农民工，属于最廉价的劳动力。

我们可以想象，朱元璋的童年，是过着吃不饱穿不暖的日子，普通孩童有的他一样也没有。对比之后的经历，我们可以发现，朱元璋其实有着极其强烈的占有欲望，这些童年往事对他来说是一段难以忍耐的痛苦经历。但是，他出生在世世代代都贫困无比的家庭，除此之外也别无他法。

小时候，朱元璋很想走进学堂，这对于其他孩童来说是再普通不过

了，但对于朱元璋而言，这是一个很不现实的愿望，是不切实际的。由于出身贫寒，又没有读过书，朱元璋的自卑心态很严重，这也可能是他成为皇帝之后，妒忌那些学识渊博的人，经常大兴文字狱的原因之一，朱元璋不是没有挣扎过，但迫于现实，他在争取之后也只能最终向现实妥协，安分守己地做一个牧牛小童。生活的艰辛在幼年的朱元璋身上显现得如此清晰。

面对这么残酷的生活，朱元璋并没有怨天尤人，而是在逆境中发奋起来。

虽然家境不好，朱元璋却有一个不得不提的外祖父，此人的名字不详，在这里，姑且称他为陈公。

陈公是一个白发苍苍的老人，他出家做了和尚，常常带着一顶竹帽，身披一件破破烂烂的袈裟，虽然其貌不扬，他在年轻时却有所作为，曾是宋朝大将张世杰的亲兵。当元朝骑兵侵占中原之后，文天祥不幸被抓为战俘，张世杰将军带着宋朝的遗孤小皇帝逃亡到崖山，此处位于今天的广东省新会县。陈公应该目睹过那一幕凄惨的景象，国破家亡，一国之君只得亡命天涯，忠心耿耿的将军也无法阻止这亡国的结局。

虽然知道放手一搏也不会有什么出路，张世杰还是集结了一千艘军船，在崖山和元军大战了一场。这场战斗异常惨烈，当蒙古人攻到王船，无力回天时，丞相陆秀夫先是剑指妻儿，逼着他们跳海祭国，然后眼含热泪，对小皇帝下跪，最后背着他一起跳海，宁死不做战俘。当时那凄惨的场景简直令天地动容，但却不能打动冷血无情的蒙古兵。

张世杰所带队的船只在海上遇到了风浪，被飓风所掀翻，一代良将就此陨落，令人扼腕叹息。

朱元璋的外祖父陈公当时也掉进了海中，但他侥幸被渔夫所救，后来颠沛流离、九死一生之后才得以重回故里，但从此他不问世事，出家做了和尚，只是平日里帮人算算卦。陈公经常在夜里偷偷和女儿还有外孙朱元璋倾诉自己的这段悲惨经历，这些是平日里饭桌上和人们议论中他绝对不敢说的，因为这时已经改朝换代，蒙古人已经统治了中原大地。

陈公的这些经历，对于没有上过学堂的朱元璋来说，可以算是启蒙教育了。

正是这种评书式的故事，使朱元璋幼小的心中萌生了使命感，他希望，自己有一天也能像陈公一样，当一个在战场中驰骋的战将。虽然，当时的实际情况是他的外祖父正被蒙古骑兵紧追不放。

陈公是个长寿的老头，大难不死终有后福这句话在他身上得到了最好的体现，他活了99岁，而且他的外孙还当了明朝的开国皇帝，可以说是一件光耀门楣的事。

朱元璋在一个叫刘德的地主家，放了12年的牛，我们不知道他在这漫长的岁月中究竟在想什么，是怎么支撑下来的，也许他是为了每天能有口饱饭吃而沾沾自喜，也许他正做着对于那时的他来说不切实际的梦。有一天，他自己也能养得起一头牛，不再需要给别人放牛了。

当时元朝的统治极其腐败，民不聊生，能有一头耕地的牛那是再好不过了。元朝政府在马背上得天下，也企图以管理牲口的模式来治理天下。元朝的国民有贵贱之分，南人，也就是汉族人是最低等的国民。他们甚至想把世代生活在中原大地上的汉族人全部杀光，将广阔的平原做

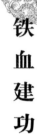

牛马的牧场，幸亏这个泯灭人性的想法被当时的宰相劝阻了。

当牧童的日子虽说要饿肚子还穿不暖，但也有很多美好的回忆。小孩的天性活泼好动，朱元璋也不能免俗，他最爱的游戏是假扮皇帝。他经常领着一帮放牛的小孩来到山上，然后把牛放开找草吃，自己把棕榈树的叶子撕成一条一条的，做成胡须挂在嘴边，再随手找一块可以顶在头上的木板充当皇冠，坐在一个墓碑上，假装自己是皇帝。其他的小孩也非常捧场，纷纷跪下，大呼万岁，三跪九叩。

当然，那时的朱元璋还是一个连双完整的鞋子都没有的放牛娃，也只能在游戏中体验当皇帝的乐趣。

在朱元璋的放牛生涯里，还有一件事情值得一说。有一天，这些牧童像往常一样，在外面给地主放牛，打打闹闹地过了一天。这些牧童都是些男孩，肚子很快饿得咕咕叫。但是天色尚早，怕回去早了被地主用鞭子揍，又都不敢回去吃饭。徐达、汤和、周德兴等人只能坐在草地上叫苦连天。徐达说："这时候有人要是有法术，能变出一碗热汤面来该多好。"汤和接嘴："要是有法术，面哪里够，还要有一锅肉才是最美的事。"周德兴忙说："你们这些人别异想天开了，只有地主大老爷才配吃肉，咱们这些穷孩子怎么有这个福气。"

这些牧童都没有吃过肉，这种讨论勾起了他们的幻想，食欲大开，纷纷口水直流。朱元璋也没有吃过肉，他在旁边听着，一直没说话，但他是个敢想敢做的人，为什么这么说呢，因为他想了一会就有动作了。

他大声说："想吃肉有何难，咱们这就有现成的。"

其他的小孩听了，当朱元璋是在痴人说梦，肉不会从天上掉下来，也不会从地上长出来，可不就是做梦吗？

朱元璋笑而不语，走到附近的山坡上，牵来了一头牛犊，对其他人说："这不是肉是什么？"

大家都吓傻了，地主的东西怎么敢动，但"肉欲"的诱惑实在太强烈了，在朱元璋的鼓动下，大家七手八脚把小牛绑了起来，周德兴当头一斧。

这些孩子们从没吃过肉，现在来个烤全牛，大家都很兴奋，不一会儿便把牛剥好，放在火上烤。才烤五成熟，大家就狼吞虎咽地吃起来，肉味确实鲜美。

吃完之后，大家心满意足地拍着肚子，准备回家。此时，大家傻眼了，饱餐了一顿，回去怎么交代呢？还不被打得半死。

就在大家互相抱怨的时候，朱元璋站出来了。

朱元璋胸有成竹地说："我有办法，你们就不用担心了。"

朱元璋的办法最终证明是一个馊主意，但他这份勇气确实让人佩服。朱元璋到底用了什么办法呢？

原来，他把牛皮牛骨都埋了，以为这样就能消灭罪证。接着，又把牛的尾巴插在石头缝里，骗地主说小牛钻进山洞里去了。结果，朱元璋遭了一顿毒打，而且丢了饭碗。

这就是朱元璋，敢作敢当，虽然当时还很傻很天真，但金子迟早总是要发光的。

事情就这样过去了。从那以后，朱元璋在小伙伴心目中就更有威信了。后来，汤和、徐达都忠心拥戴他，成了明朝的开国元勋。

佛教认为，人生是苦的，人生来就是要忍受苦难的，于是，绝大多数人就一直在苦难或者自认为的满足中忍受，直到一生耗尽。但是那

些成功的人士，却不仅仅是在忍受苦难，他们把苦难看做一种人生的经历，看做是一种人生的修行，在苦难中不断磨砺自己，等到机会来临的时候，奋然而起，用自己在苦难中磨砺的本领，摆脱苦难，登上成功的高峰。

外国的著名诗人罗曼·罗兰说过这样的一句话："痛苦像一把犁，它一面犁碎了你的心，一面掘开了生命的起点。"如果想终有一天大放异彩、有所作为，就必须在任何困境之中，保有永不放弃的信念。有句话说的好，雄鹰展翅高飞在蓝天之上，离不开最初跌跌撞撞的试飞。人总是在挫折中发奋，在逆境中成长的，每一个人都有为之奋斗一生的终极理想。但大多数人却没能坚持下来，只有极少数不懈努力的人才能最终步入成功的殿堂。由此可知，失败不可怕，虽然它会折磨人的身心，但是被失败吓退的，是弱者的躯壳，真正的强者在经过挫折的洗礼之后，会绽放出更加夺目的光辉，他们永不放弃的信念无比强大。

那么，你可以尝试着这样做：把先前遇到的所有挫折、失败全当作一种对意志的考验，在苦难中接受这种磨练，不断强大自己。对每个人来说，机会都是公平的，但并不是每个人都可以抓得住。苦难对于一个常人来讲，无疑是一种天灾人祸，但对于能成大事者，那便是一种历练。艰苦异常的童年生活使朱元璋养成了敢作敢为的性格，而这种性格，成为他后来在群雄中异军突起的重要原因。

在苦难中忍耐

　　人来到这世界上，含着金钥匙出生的人实在太少。几乎所有人都会面对着人生中各式各样的苦难，经受苦难的煎熬。不够强大的我们，面临苦难的时候，只能选择忍耐，但是我们的忍耐，绝不是逆来顺受的软弱，也不是自甘堕落的放弃，而是要在从容的心态中静观世事的变迁，在苦难中锻炼自己的柔韧的意志。朱元璋生活在乱世中，他的生命之初的时光，几乎全部伴随着苦难，幼年的朱元璋，没有实力反抗的时候，只能选择在苦难中忍耐。

朱元璋像

　　元朝文宗天历元年（1328年）九月十八日，朱元璋出生在濠州钟离东乡（今安徽境内）。朱元璋的出生并没有为这个苦难的家庭带来多少欢乐，因为在他之上，他的父母已经先后养育了五个孩子。对于这对没有自己土地的佃农夫妇来说，第六个孩子的出生只是增加了生活的负担而已，他们根本没有指望让这个尚在褓襁中嗷嗷待哺的孩

子长大后去光宗耀祖。

命运的无助、生活的窘迫，还有那随时有可能来袭的疾病和瘟疫，自己随时都有丧命的可能，这也造就了朱元璋坚韧不拔的个性。有了这样的经历和性格，使得他成为中国古代帝王中权力最集中的一位。

自从元顺帝即位以来，几乎连年争战，社会上一片混乱，无数百姓流离失所。战争、烧杀、抢劫、暴动的同时，伴随着破产、流亡、饥饿、死亡，人妖颠倒，天昏地暗，悲惨景象无处不有，无时不在。正当人民横罹惨祸，整个社会被折腾得元气大伤的时候，各种自然灾害又不期而至。首先袭来的就是旱灾。至正四年（1344年）入春以后，江淮以北接连几个月干旱无雨，坑塘河沟里全都干涸了，田地里的庄稼像被人烤过一样蔫在地里，禾苗枯萎，江河断流，随处可见。

面对这前所未有的旱灾，人们在抗争无效后，不得不把所有的希望寄托于天上的神仙，天天祈神求雨。然而没有盼到雨水的到来，却盼来了铺天盖地的蝗虫，真是屋漏又遭连阴雨。这突如其来的灾祸把农民们残存的最后一点希望也给扑灭了，蝗虫啃噬过后，庄稼连影儿也难得见着，农民们面对龟裂的田地，欲哭无泪。

如果说蝗虫的侵扰对于人民来说是雪上加霜的话，那么接下来的这场瘟疫对于民众来说无疑是火上浇油。

至正四年四月初，瘟神终于降临到了朱家这个不幸的家庭。朱家的生计本来就难以维持，生活过得够窘迫的了，再经过后几年的自然灾害，农田几乎是颗粒无收，而租税却有增无减，哪还有钱交得起沉重的赋税啊。因此，这时的朱家已落到了家徒四壁、一贫如洗的境地，日子一天不如一天。

朱元璋当了皇帝后，还曾经很动情地回忆说："因念微时，皇考皇妣凶年艰食，取草之可茹者杂米以炊。艰难困苦，何敢忘之！"像这样吃草咽菜的家庭，遭了瘟疫，哪还有钱请郎中、抓药，也只有生死由命了。结果四月初六，朱老汉自己最先死去。没过三天，四月初九，大儿子重四又跟着走了。12天之后，四月二十二日，老伴陈氏又抱病身亡。半个月的时光，"连遭三丧"，全家九口人死了三分之一。

按照中国儒家的礼教观念和传统习俗，养生送死都是人生中的大事，就是使死者魂归故土，使遗体能有个安置的处所，不能暴尸荒野，任凭鸟兽啄食践踏。生者认为那样会使死者的灵魂不安，还有可能会回来找麻烦的。可朱家现在却是个不折不扣的上无片瓦、下无插针之地的贫苦人家。有些地方，常居一地的大姓大族，同族人有时还有公共坟山可以利用，朱家因迁徙不长，也没有这个可供利用的条件，只有由朱家兄弟向人讨要的最后一条路了。

他们兄弟最先去求的是朱老汉给种了多年地的东家刘德。他们盼望刘德看在多年主客一场的份上多少施舍一点。谁知刘德这个狼心狗肺的家伙，把他们二人臭骂了一顿后，随即驱逐出门。

朱元璋一家一筹莫展，全家人哭成一团。幸亏刘德的兄嫂刘继祖夫妇赠送了一块造坟用地。葬地这个基本难题解决了，但还有一系列的困难等待着他们：死者用的棺材、入殓的衣物，还有祭奠用的酒食等等。对于这些困难，也都是草草将其解决了。棺材用的是草席子，入殓穿的衣裤则是死者生前用的破旧货，祭奠没有"散浆"，便以家里度荒用的极其粗恶的草蔬粝饭充用。辛勤劳累了一生的朱老汉就这样含恨而死了，他本想通过自己的辛勤劳动，换得家人的丰衣足食，谁知……

三桩丧事办理完毕之后，悲剧就该到此结束了吧？还没有，一方面，当地可怕的天灾仍在急剧发展，大旱无雨，人人缺食，草木为粮。另一方面，朱家原来虽然人多，但主要支撑门户的是朱老汉自己和大儿子重四二人。现在二儿子重六"人小体弱"，最小的儿子朱元璋尚未完全长大成人。眼下两个主要劳力已经没有了，留下的全是孤儿，刘家的地已无法继续耕种。一家人反复合计，干脆与其死守一地，还不如适当分散开来，各找活路，各奔前程。

结果老大重四的寡妻便带着儿女三口去了娘家，老二重六夫妇二人也决定离开太平，外出逃荒，只剩下朱元璋一人孤苦伶仃，暂留太平。

一场倾家荡产、家破人亡的大劫以后，紧接着剩下的几口人又各奔东西，再次上演了一幕生离死别、骨肉分别和背井离乡的惨剧。死者已矣，生者长痛长悲，哭破产，哭亡魂，哭别离，一片呼天抢地的凄切之情，令人耳不忍闻，目不忍睹。若干年后，朱元璋亲制《皇陵碑》，用血和泪的动人文字追述了这段悲惨的家史，令数百年以后的人们看了，也觉之写得回肠荡气。

圣人有云："天将降大任于斯人也，必先苦其心志，劳其筋骨，饿其体肤……"意思就是说，你想有大出息，就要上磨刀石，只不过这块命运的石头磨的不是钢铁利刃，而是一身肉皮骨血，艰难苦恨，血流成河，苦楚万端，到最后才能变成一把开天辟地、无坚不摧的宝刀。

朱元璋现在还是宝刀裹鞘，苦难未消，埋葬了父母和大哥，又要和二哥洒泪分别。因为二哥要到他乡异地讨一口饭吃，家里剩下朱元璋，好心的邻居汪妈妈看他饿得可怜，就出主意让他去当和尚，好歹混个温饱。

可是，这年头，和尚能吃得饱吗？寺庙肯收留吗？朱元璋对这一切都很茫然，汪妈妈着实是个好心人，又张罗着给附近寺庙的住持送了点礼，于是朱元璋才得以进庙当了和尚。收礼的和尚一定没想到，他们看似是给一个小家伙行了方便，却给自己带来巨大的声望。若无朱元璋，这家原叫於皇寺的寺庙，日后也不会改名皇觉寺，声势大振，尊贵无比。

显然，收下朱元璋的和尚们没这未卜先知的功夫，所以对待朱元璋也一点都不客气，分明是替自家收了一个小使奴，正式职称叫"行童"。的确，你看他，每天扫地、做饭、洗衣服，击鼓撞钟、上香上供，从早到晚，忙个不停，手慢些，挨打，脚慢些，受骂。父母在世时还好，如今父母亡故，别无亲眷，只有这一个可怜的小孩，夜宿柴房，呆呆凝望窗外的天空。繁星闪烁，再明亮耀眼也比不上母亲温柔的眼睛……

不过朱元璋没理由不觉得满足，外面饿殍遍地，他毕竟能吃饱肚子。食为天，衣为地，肚里有食，身上有衣，挨两巴掌，被踹两脚，光头上受两戒尺，那都是小事。所以他很安心，准备一直当和尚。

但是命运不让他安心。朱元璋仅仅当了50多天的和尚，饥荒日重，庙里也揭不开锅了。长老们养不起这一堆大大小小的和尚，干脆把他们全撒出去自己找食。这个小行童再一次被逼上社会，其时是元至正四年（1344年），朱元璋17岁。

离开皇觉寺之后，朱元璋一路南下，打着云游的幌子行流浪之实。宿荒山古寺，听枭鸟夜号，吃人家布施的残汤剩水。说是游方僧，从哪个角度看，都像一个乞丐。就这样，他走遍淮西、豫南的山山水水。不

铁血建功

朱元璋有话对你说

知不觉间，长到了20来岁。

这三年多的流浪生涯使他拓宽了视野，增加了人生经验，磨砺了在逆境中生存的本领。然后，他又回到家乡的皇觉寺，伴随青灯黄卷，早功晚课，读书诵佛，境界一日千里。除了佛经，其他各类书籍也在涉猎之内。游历和读书都为他日后争霸天下打下了良好的基础，所以说，读万卷书，行万里路，古人之话，诚不余欺。

人分两种：有一种人困难当前，怨天尤人，得过且过；有一种人，却是始终不肯屈服，大雪压青松，青松挺且直。朱元璋显然是后一种，但是，出门要饭的时候是个小和尚，要饭回来，已经成了一个敢和天命作战的勇士。

这样一个伟大的转变，对很多人来说，可能终其一生都无法完成。就像蛾子裹在蛹里，有的会活活困死，只有极少数能够咬破厚厚的茧壳，飞翔起来，华丽转身！而转变的因素只在人心。心的强大，才是真正的强大。朱元璋就是拥有一颗强大心灵的人，一边困居蛰伏，一边等待一飞冲天的时机。

他准备好了，上天也准备好了，命运之神开始向他微笑。

朱元璋懂得忍耐，所以当自己的生活遇到了不可抗拒的困难之后，朱元璋并没有拿自己的前途与生活作硬碰硬的对抗，而是先暂时避其锋芒。这一举动反映到行为上就是接受了汪大娘的建议，无怨言地到皇觉寺去做了一名小和尚。对一个已经早早拥有独立思考能力的朱元璋来说，他的这个选择是明智的，也是有效的进退屈伸之术。

生活中有些事情，即使是努力了也无法改变的。生活中有些事情，是你永远也不会习惯的，但是只要你还活着，这样的日子就还得一天天过下去，所以就得学会克制和忍耐。如果不能够做到克制，你就会为生活所累，就会被生活所击垮。

这个道理不难解释，即使你再不喜欢黑夜，它还是会每天都适时来临，只要你能在黑暗中积蓄力量，隐忍着，黑夜总会停止，白昼终会到来。也许你讨厌冬季的严寒，但只要忍耐着，冬天的脚步总会走远，春天的阳光终会来临。又或者你厌恶潮湿的雨季，但不管怎样，雨水仍会顺应自然规律落下，给万物带来生机，只有静静等待破云而出的太阳来光照大地。

如果你能笑着面对生活中的不幸，那么幸运总会降临。

忍耐和坚持能让人发现自己的真正人生价值，度过寒冷的冬天，如果一个人不能隐忍，只会做一些匆匆决定的事，那么，即使是走进了一座大花园，也找不到花丛锦簇中那朵最艳丽的牡丹，所以，忍耐是一种美德，它能让人度过苦难，焕发出新的生机。

忍耐不是叫人在困境中一味退缩，在命运的安排下屈服忍耐，缩在墙角里畏畏缩缩，生活中一些不公平和沧桑会使人心受到打击，隐隐作痛。这时如果你能够隐忍不发，就能驱除这些伤痛，风雨之后就能见到最美丽的彩虹。

忍耐不是让人消极地面对生活，真正的信心要在逆境中慢慢建立。人或许会因为颠沛流离而悲痛欲绝，却同样能在此时树立起远大的理想。隐忍能把失败中的辛酸、寂寞、愤恨、忧郁都化作一股动力，埋在心底的最深处，化作一股能量给人生添砖加瓦，而不是倾斜心灵的天平。

忍耐可以磨练人的意志，积蓄强大的力量。最终迸发出耀眼的火

花，融化寒冰、冲破罗网。或许你顽强不息的心灵在忍耐的过程中会受到折磨，但那同样是在锻炼，在拼搏。生命的价值在烈火的磨砺中才能不断被探索。忍耐吧，最终你总能树立起生命的丰碑。

学会忍耐，学会在逆境中不舍追求，积蓄力量，更加深刻地体会人生的力量。

在苦难中学习

苦难是一种财富，可是有的人却做到了"路不拾遗"，在苦难中，只是默默地经受着苦难的生活，等到苦难过去之后，自己还是原来的自己，这就得不到应有的提高。在苦难中，我们不仅要忍耐，经受磨练，更重要的是，我们要在苦难中学习，在苦难中吸取力量，不断壮大自己，只有这样，在苦难过后，我们才能成长，才能迎接更大的挑战。

始建于明太祖朱元璋时期的钟楼

前面提到朱元璋在皇觉寺做小行童的日子并不长，由于旱情并没有结束的迹象，平时主要靠收地租和接受布施过活的寺院，如今已入不敷出。寺院住持无奈之下就对徒弟们说寺内要罢粥，要徒儿们有家归家，无家可回者就去游方化缘。入寺才满50天的行童朱元璋尚不会念经做佛事，却学会了做杂活，便能帮人干活，背起包袱去游方化缘了。

"云游"是佛门术语，也叫"化缘"，意思是乞求布施。用老百姓的话说，就是讨饭。

此时的朱元璋是个聪明伶俐的少年，他边打听边走，一般去受灾较轻的地方化缘，所经过的路线是安徽合肥，河南固始、光山、信阳、汝州、淮阳和鹿邑等地。他敲击着木鱼向人乞讨，受尽了豪门的白眼和冷嘲热讽，饱尝了世间的冷暖。然而，为了生存，他必须意识到自己所处的各种环境，这无疑进一步锤炼了他能屈能伸的性格。同时，他也交结了不少朋友，体验了人间的患难真情。

就这样，朱元璋终于踏入了江湖，开始书写自己人生中最重要的一章。

什么是江湖，听起来像是书生剑客的风雅之处，其实，在当时那就是社会的最底层，是一些三教九流人士聚集的，在主流社会之外的一个下层世界。

虽然如此，江湖却有另一番风景，它像是人世百态的博物馆，人情的冷暖、人心的善恶、人性的真伪、人格的高低，在这儿都像展品一样陈列着，你能清清楚楚地看见。

用染缸来形容江湖可以说是再合适不过了，一个纯洁无暇的人走了

第一章
朱元璋对你说磨难

进去，就别想再清清白白地走出来。这里灯红酒绿，实际上只有一条大路：夺利益、谋生存。什么白刀子进，红刀子出，刀口上讨生活；什么狗咬狗、翻脸不认人；什么见人说人话，见鬼说鬼话；什么要头一颗、要命一条，20年后又是一条好汉……这些浅薄无比的大俗话都是江湖人士的座右铭。江湖还是个大熔炉，来了这里的善人可能变恶，好人可能变坏，老实巴交的汉子最后变得阴险狡诈，慈悲为怀的变得毒辣。总之，变成一个厚黑兼具的流氓书生，是一个开国皇帝必备的基本素质，而江湖，是他们最好的学堂。

朱元璋被生活所迫，只得投身江湖，这是他的不幸，也是他的大幸。

此时，朱元璋还只是一辈子没去过县城的黄头小儿，刚刚17岁。

在这条艰难的道路上，他只有一个人，夜深人静时，他不禁想起家乡的玩伴、亲友，甚至是他放过的牛，醒来后身边却没有一个人陪伴，孤独绝望的感觉，时常侵蚀着他年轻的心灵。

在这悲惨的时候，有人指点他，说南边和西边一带收成较好，朱元璋便奔赴那一带。

元至正五年（1345年），朱元璋南行到庐州一样（今安徽合肥），这时他遇到两位仙风道骨的紫衣高人，相谈甚欢，便一起结伴而行。

一路上，两位博闻多见的道士给他讲述了各地不同的风土人情，使闭塞的农村人朱元璋眼界大开，他们又讲述了元朝统治者种种苛政暴行，使得朱元璋热血沸腾、义愤填膺，感触颇多。

一天，朱元璋突然染上风寒，大病一场。两位道士将他搀扶到一个破庙里，烧水给他擦身。晚上，这两人把朱元璋夹在中间，给他取暖挡风，在他们无微不至的照顾下，朱元璋最终痊愈，这时，二人告辞说："姑留此，待我三日。"

三日后，朱元璋来到这个破庙，却未等到两位道士。只有独自上路，继续前行。

一天晚上，朱元璋找不到地方投宿，只得继续赶路，没想到却陷入了沼泽之中。危急关头，有一群过路人发现了他，伸手施救，将他拖了上来，后来他们一路谈笑而去。

来到庐州府的六安州后，朱元璋遇到了一位长衫老儒。他背着一个大大的书箱，浑身大汗淋漓。朱元璋见状，心生不忍，便替他扛着箱子，搀扶着他上路，老儒却没有说一句感谢的话。

两人到达朱砂镇，老儒把朱元璋叫到一株老槐树下休息，终于对他说："小兄弟，我有一言，盼你记取。你奇骨贯顶，五岳朝天，面相贵不可言。吾平生阅人多矣，未见如你这般富贵之相，望善自珍重，顺天行事，作福保吉。"

顿了顿之后，他又问了朱元璋的生辰八字，掐指一算。

沉默了很久之后，老儒面色敬重地说："你的生辰八字与你的面相一般，皆非同寻常，属大富大贵之列。平生虽有波折，却无大碍。今此行，利往西北，不宜东南，切记切记。"

他又接着把到了西北以后，朱元璋该做之事细细吩咐了一番，飘然而去，临走前却不肯透露自己的姓名身家。

朱元璋后来遵照老儒的话，从此时起，至元至正七年（1347年），三年间踏遍固始（今河南固始）、信阳（今河南信阳）、汝州（今河南临汝）、亳州（今安徽亳县）、颍州（今安徽阜阳）一带。

这些地方今天是淮河上游和大别山、桐柏山余脉绵延之处，可以说林密草丰，山高水险，自古就盗贼猖獗之地，民风十分彪悍。在朱元璋来之前，这里的百姓就因为不堪元朝统治者的暴政，而多次举行过起义和暴动。影响最大的，要数白莲教了。

朱元璋在旅行中长途跋涉，翻山越岭，走过了无数城镇，如果遇上大户人家，他就在别人的大门口大声敲打木鱼，高声宣读佛号，以换来几文钱或一碗白米的施舍，虽然不多，但也能填饱肚子。夜里，他就投宿大大小小的寺庙，或者在礼佛的善男信女家借住。

有时候碰上收成不好的城镇，化不到缘，或在深山老林里奔走，身上只有几把米放在破布口袋里，就只能凑活着用瓦片生火烧了吃。有时根本没有米也没有钱，就只有在山林里找一些野果来填腹。

若是找不到住的地方，朱元璋就睡在桥头下、山洞里、树荫中。有时如果连山洞或能挡风的山坡也没有，他就只身躺在野外的草地上，望着夜空里的繁星，耳边还不时传来猿啼狼嚎，他一点不怕，就这么对付一夜之后，第二天继续上路。

一个深秋的夜晚，他路过一个叫柴村的村庄，这时的朱元璋已经两天颗粒未进，饿得头晕眼花，四肢无力，但头疼的是，四下无人，连一户人家都找不到。

正在这紧要的关头，他突然看见前方有座废弃了的宅院，拼着最后的力气过去以后，只见满眼残垣颓壁，原来这是一座废弃的果园，果树大多已经枯死，只有一颗柿子树上还挂着几个被霜打过了的柿子。

这时的朱元璋也管不了那么多了，急忙跑过去，边摘边吃，靠着这几个柿子，最终保住了命。

后来，在至正十五年（1355年），他领兵南征长江沿岸，夺取采石、太平时，又恰好从这里经过，途中特地寻访了这个废弃的果园，那时这个救过他命的柿子树仍然活着，朱元璋急忙下马，脱下身上的红袍，郑重地挂在树上，说："封尔为凌霜侯！"

三年的云游生涯可谓给年轻的朱元璋带来了无尽的磨难，他遍尝世态炎凉，历经人世沧桑，受了无数的白眼和讥讽。后来成为皇帝之后，他还对这段乞讨的经历念念不忘，曾口吻辛酸地回忆道：

> 突朝烟而急进，
>
> 暮投古寺以趋跄。
>
> 仰苍崖崔嵬而倚碧，
>
> 听猿啼夜月而凄凉。
>
> 魂悠悠而觅父母无有，
>
> 志落魄而徜徉。
>
> 西风鹤唳，
>
> 俄渐沥以飞霜。
>
> 身如蓬逐风而不止，
>
> 心滚滚乎沸汤。

但是，正是这段艰难的乞讨生活，给他的成功人生带来了莫大的作用。跋山涉水，日晒雨淋，风餐露宿，忍饥挨饿，这些困苦练就了他坚韧不屈的品质，让他在任何条件中都能适应，对待所有人都能得心应手。在之后长期的战争岁月里，这些珍贵的品格帮助他度过了常人难以

忍受的艰苦环境，最终百战百胜，夺得天下，问鼎中原。

在颠簸流离中，他遍访淮西、豫南一带的名川大邑，充分了解不同地方的山川地理形势和各地不同的历史故事、风土人情，开阔了眼界，这也是他在后来的军旅生活中克敌制胜的重要基础。

云游的三年生活中，他遇到了形形色色的人，在底层社会里摸爬滚打，和百姓亲密接触，忍受了很多侮辱和白眼，也有很多好心人向他伸出了援助之手，遍尝人世冷暖，人性善恶，人心坚强和软弱。他学会了掌握时机，在什么时候作威作福，什么时候低头哈腰。接下来，他凭着能洞察人性的一双慧眼来识别能人志士，来驱逐身边有异心的小人，判断十分准确。他还常利用不同人的软肋来控制、领导属下，将这些人玩弄于股掌之中，使他们对自己尽心尽力，极见功效。

朱元璋杀起人来毫不手软，手起刀落，这是云游生涯给他的教导，在江湖中他养成了一套厚黑手段，认识到人性本恶，为了利益，同胞相残、兄弟反目的事情时有发生。他的准则就是除去成功路上的一切障碍。

这段乞讨岁月，让他亲眼看到了元朝失去民心、最终失去天下的本因。元代统治者的政权之所以在短短时间内就土崩瓦解，关键在于官吏的极端腐败，以致于怨声载道，百姓活不下去只有走上起义的道路，所以后来他成了皇帝以后，大力整治贪污的官吏，不惜制定凌迟这么残忍的刑罚来杜绝贪污。

朱元璋来到淮西的时候，白莲教的主要领导人彭莹玉恰好也在这一带传播弥勒教，秘密组织民众策划起义暴动。由于朱元璋幼年时被地主阶级剥削过，遭受了很多侮辱，乞讨云游的路上又风餐露宿，多和贫苦的农民相交，深知他们的爱憎，所以弥勒教的教义和暴动起义的思想很快被他接受。此后，他成为了红巾军的中流砥柱，也受到这段经历的深刻影响。

孤苦伶仃的云游生涯使朱元璋越发思念起自己的故土。至正八年（1348年）年底，这个浪迹天涯的游子终于醒悟，毅然返回了皇觉寺。

没想到，这时的皇觉寺中是一片破败冷落的景象：尘丝蛛网密布整个大殿；从前旺盛的香火景象已经不复存在，主持高彬长老早已圆寂。和尚们四散奔去，剩下在庙里的几个和尚，也是只能有一餐没一餐的过日子。

水是家乡好，月是故乡圆。朱元璋看到这破败的场景却还是激动万分，他与师兄弟们叙旧之后，就开始过起了潜心钻研佛经的生活。

暴风雨来之前的海面总是平静异常，淮西广大的地界，也不能维持青灯古佛的佛寺往常的平静祥和。这时的朱元璋还不知道，战火硝烟很快就将在他的故土之上熊熊燃烧、越演越烈。过不了多久，皇觉寺就将不能幸免，变成一片废墟。

不幸的家庭，少时的悲惨遭遇和曲折的经历，对于朱元璋早年的思想形成、发展无疑有着重要的影响。朱元璋虽家境贫寒，受教育的机会同一般农民一样少，但由于他从小聪明好学，因而其早年所习得的文化知识却比一般农民要多得多。文献上专门叙录朱元璋早年的学习情况计有两处。一是《太祖实录》卷一，说朱元璋"既就学，聪明过人，事亲至孝"。二是《皇朝本纪》，说朱元璋出游外地诸州三载后，"复入皇觉寺，始知立志勤学，方四年"。前面的"既就学"，年幼小，似是蒙童馆扫盲，获得的只能是些启蒙知识。后面的"立志勤学"，年已

二十有余，而且历时四年，其文化素质应有更大的提高。同时，朱元璋从家乡钟离到游历淮西各地，扩大了眼界，接触过方方面面的人，这些环境都不能不对其思想产生各式各样的影响。

在化缘的过程中，朱元璋更加直观地看到了元朝统治者给民众带来的苦难；面对那些贫苦的农民和富足的地主，朱元璋也体会到了社会分配的不合理；同时几年的游历生涯，还使朱元璋渐渐地熟悉了淮西、豫东一带的山川河流、风土人情、地势关卡，为以后的起兵打下了良好的基础。在这次化缘中结识了很多朋友，成了他后来打天下的主要力量。

塞翁失马，焉知非福。朱元璋从出家到游方，在常人看来，走的是一条下坡路。但恰恰是这非同寻常的经历，打开了他的视界，激发了他的能量。在接触白莲教，了解各地民生疾苦后，他敏感地捕捉到了当时的历史大势——反抗。认识到这一时代的关键点，就可以彻底改变自己的人生了。

高人之所以是高人，就在他们能正确把握时局的变化规律，比别人看得更高更透，而更多的高手云集一处，自然更能揣透天下，找出得到天下的途径，少出差错、少犯错误，比敌人能够更多地赢得胜利，如此，则天下必得。

为什么拿破仑能够突破重重阻力而叱咤风云？为什么海伦·凯勒在双目失明的情况下，心中依然有光明之梦？一个共同之处就是他们都经历过一个又一个的磨难，并且在磨难的打击中不断地学习、迅速成长起来。也正因为如此，伟人们镇定自若，"泰山崩于前而色不变，猛虎趋于后而心不惊。"

任何一个成大事者必须具备忍耐挫折、忍耐艰辛的能力，更要具备在苦难中学习的品质。假如你想成功、想创业、想成名，一定要先掂量掂量自己：面对从肉体到精神上的全面折磨，你能不能够承受，并从中学到自己将来发展所必须的能力。

在苦难中学习，所有的牺牲、失败，对未来而言都是值得的。美国前总统西奥多·罗斯福在很多年前曾经说道："我们多么幸运，我们不时遇到麻烦和灾难，我们不能期望逃离生命中的灰暗时期——因为以辉煌或金色为落日的生命不是常有的。"

苦难在我们的生活中无法避免，当身处其中时，我们不能自暴自弃，而是应该在苦难中学习，将苦难化作一种动力，在苦难中学习、成长，直到自己足够强大，才能在苦难中崛起，迎接属于自己的成功。

在苦难中崛起

很多人都希望一生平平安安，四平八稳，这是一个人最基本的心理需求。尤其是在经历了一番苦难之后，更是希望过一种平静的生活。可是，换一种眼光来看，这种人是没有出息的。成功就意味着风险，没有风险，哪来的成功？朱元璋历经苦难之后，面对苦难的教导，选择了告别苦难，在苦难中崛起，终于开创出了属于自己的天地。

朱元璋在游方化缘的几年中，游历了淮西、豫东一带的大部分地区，接触到了下层的农民，经历了种种的磨难，也学到了许多平常没有

机会接触到的新思想。

生逢乱世，一个穷苦人家的孩子对现实又有什么期望呢？尤其是在文化凋敝的元朝统治下，对于朱元璋这样乡野青年更是没有多少出路可言。不能说朱元璋没有雄心壮志，也不能说朱元璋的这几年的云游生涯在他的心里就没有一丝的触动。面对元朝的残暴统治，朱元璋的内心深处早就想干一番大事业，可是单枪匹马的他怎么与强大的元朝政府对峙呢？

野火尚未燎原，矛盾还未爆发，朱元璋想干一件轰轰烈烈大事的意志也只能是想一想，不知该从何下手。

至正十一年（1351年），元朝的统治已经出现明显的败势。这不仅是由于统治者与汉族之间的民族矛盾促动的结果，同时也夹杂着统治者内部的矛盾。

蒙古族统治者内部各个派系之间争权夺利，非常残酷，他们对于王位的争夺尤为激烈，所以，元朝中央集权内部的武装政变时有发生。据资料统计，元朝曾经创下了在40年间换了9位皇帝的纪录，在最为混乱的致和元年（1328年）到元统元年（1333年）这六年期间，每年都有一次新皇换旧皇的政变。这种政变，自然就是政局不稳的显著标志。

由于政治昏庸残暴，贪官污吏巧取豪夺，农民劳动的果实根本不够这些人搜刮，百姓纷纷反抗。正所谓人多力量大，他们拿起刀枪棍棒与元朝统治开始公开作对。官逼民反，民不得不反。最先起来反抗的是江浙一带的农民，由于这一地区常年遇到水旱灾疫，当地的居民已死亡过半，田地荒芜，寸草不生。面对这样悲惨的社会景象，元朝统治者竟然不闻不问，置之不理，任凭这些百姓自生自灭。百姓不堪忍受，不得不放下手中的锄头，揭竿而起。接着河南、四川、广东、广西也相继爆发了农民起义。

为了镇压人民的反抗，元朝政府加重了刑罚，在这一时期颁布的诏书中就有"强盗皆死"的命令。同时，元朝统治者还加强了各地的军事机构，企图以高压手段来镇压农民起义。

正所谓民不畏死，奈何以死惧之。这些举动更加触怒了百姓，于是有人打出了这样的旗号：天高皇帝远，民少相公多；一日三遍打，不反待如何！

至正十一年（1351年），白莲教首领韩山童看到时机已经成熟，于是便会同刘福通等一同起义，他们头上裹着红巾，打着红旗，在白鹿庄进行了祭天祷告。但是由于事有不巧，被官府事先得到了消息，遭到镇压，韩山童被元军所擒后当场砍头。此后，刘福通接替了韩山童的位置，迎韩山童之子韩林儿为帝，举兵于河南汝颖，正式拉起了队伍，随后又在固始、光山、罗山、息县、确山等地打败了元朝派来增援的军队。拥众数十万义军，声势浩大，以红巾为标志，历史上习称北系红巾军，曾一度成为全国农民起义的中心，并建都亳州，夺取开封，建国号宋，年号龙凤。

各地的起义队伍风起云涌，南方的彭莹玉，湖北的赵普胜，邳州人芝麻李，邓州王权、张椿也打出了反元的旗号，于是大半个中国陷入了轰轰烈烈的反元起义斗争当中。

农民起义的浪潮很快使朱元璋所在的家乡也卷了进去，至正十二年（1352年），濠州的郭子兴宣布起义，也成立了一支红巾军。郭子兴是安徽定远县的豪强，他的父亲也是贫苦出身，由于几次时机把握得准

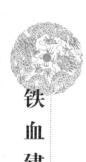

确，不但使自己跻身于地主豪强之列，同时也使他的三个儿子有了一份不错的产业。郭子兴排行第二，由于他很早就认识到元朝的统治注定不会长久，就暗中加入了白莲教，准备时机一成熟，就举兵起事。

明皇陵

郭子兴与孙德崖等集众数千人袭据濠州，自称元帅。不久，徐州起义头领彭大、赵均用被元将脱脱打败后，亦退至濠州，郭、孙等共同拥戴彭、赵为领袖，彭称鲁淮王，赵称永义王。

至正十三年（1353年），泰州人张士诚据高邮起义，数败元兵，自称诚王，国号大周，年号天佑。至正十五年冬至十六年春，由通州渡江，攻占平江、松江、湖州、杭州、常熟等经济繁华地区，改平江为隆平府，将国都由高邮迁至平江。

这时候全国反元的基本格局已经形成。再从元王朝的统治势力看，其中央王朝的声威虽已大大下降，但地方上尚有几股相当强大的力量。其中对各股反元义军最具威胁并在镇压义军方面立下过"赫赫战功"的是察罕帖木儿与扩廓帖木儿父子。其次，河南的李思齐、关内的张思道、山东的王宣王信父子等，也都各拥重兵，雄踞一方。

在这一时期，年轻的朱元璋一直在暗中观察着局势的发展。由于早在他云游化缘的时候，已经对白莲教有了一个大概的认识，他觉得白莲教的主张是站在老百姓的立场上说话的，而红巾军又是白莲教的军队，肯定是为老百姓出头的，所以他一直在盼望着自己的家乡能够出一支红巾军。

此时的郭子兴已经把濠州攻了下来，正在加紧准备，扩大势力。而元朝所派来的军队不敢应战，只会抓一些贫苦的老百姓充作红巾军向朝廷邀功领赏，开始朱元璋还穿着和尚衣服，身材高大，相貌奇特，在往来濠城时，引起人们的注意，后来都不敢再进城了。他害怕被抓，就经常在外面躲藏，而自己所赖以栖身的皇觉寺又被红巾军破坏，朱元璋的生计又一次陷入了困境，他再一次无家可归，无处安身。

这时的环境民生凋残，遍地荆丛，兵荒马乱。朱元璋亲眼看到镇压反元起义的元兵，杀人放火，奸淫掳掠。百姓人人自危，惶惶不安。

当时摆在朱元璋面前的出路无非三条：一是再次外出逃荒；二是继续留在乡里受苦受罪；三是参加反元队伍。前两者他早就尝试过，虽风险不大，但希望由此摆脱困境，格外艰难，后者是崭新的道路，但前途未卜。正当他左右为难的时候，恰好有一个曾经一起当过看牛娃、并参加了郭子兴反元队伍的穷朋友汤和来信，劝朱元璋与他一道投身反元义军。信中说："今四方兵乱，人无宁居，非田野所能自保之时也，盍从我以自全。"

汤和大概意思是劝说朱元璋到郭子兴的队伍中去效力，也许还有绝处逢生之机。但此时朱元璋的决心还没有下定。

虽然朱元璋想极力保守这个秘密，但世上没有不透风的墙，还是走漏了风声，被他寺院中的一个师兄得知，准备向官府告发，顿时谣言四起。在这种四门紧闭，毫无退路的情况下，朱元璋通过求神问卦，获得了伽蓝菩萨的"从雄而后昌"的吉兆卦示后，才促使他下定决心，投奔反元队伍。他连夜下山，往濠州城方向赶去。

等到朱元璋赶到了濠州城，守城的红巾军士兵看他衣服破旧，以为是元朝派来的间谍，便把他绑了起来，打算推到城外去处决。朱元璋大声据理相争，吵吵嚷嚷吸引了许多人观看，最后把郭子兴惊动了，郭子兴看朱元璋相貌出奇，又生就一副好身板，问明情况之后，就把朱元璋收为步卒。让他换了衣裳成了一名红巾军战士。

这次抉择乃是朱元璋一生荣枯成败以至生死的一个转折点。

朱元璋的投军过程带有一定的偶然性，但是这种貌似偶然的里面也带有其必然的一面。在接到朋友的信之后，他一开始并没有盲从，而是思考了很久，这说明了朱元璋的心细与勤思，这是一个智者应当具备的基本素质。

对于关系到自己一生安危的重大转折，年轻的朱元璋对自己人生中这一完全是由个人独立决定的道路小心计划，是可以理解的。尽管他很年轻，却在走南闯北的游历中，碰出了许多处事经验，他能够明白，参加与朝廷作对的起义军事关重大，在悬赏捉拿的威慑下，选择机会上的任何失误必然会带来最惨重的教训，甚至丢掉自己的性命。

然而情况突然生变，在遭遇出卖，面临生命险急的情况下，他又一次地表现出了无比果敢，毅然投身于红巾军。

人生不可能一帆风顺，机会也不会总顺风而来，蕴藏在逆境中的机会有时更加巨大，足以改变人的一生，所以，对于逆境也应该抱着一种忍耐的态度。磨难虽苦，但却可以化为人生的财富。

一位诗人在自己经受苦难的岁月中，写下了如下的诗句"黑夜给了我黑色的眼睛，我却用它来寻找光明。"是的，苦难给了我们困苦

的生活，我们忍受苦难的，在苦难中磨砺自己，在苦难中不断学习、壮大自己，我们为了什么？当然是为了有一天，在苦难中找到属于自己的光明。

当面临不如意的时候，我们只有忍耐，但是我们应该相信，虽然处在劣境之中，但是总会有峰回路转的时候，我们要耐心的等待自己机会的到来。龙蛇之蛰，求存身也；尺蠖之屈，以求伸也。在经历了苦难的洗礼之后，在自己足够强大之时，我们就要蛰龙出海，遨游九天，在苦难中奋然崛起，去寻找自己的天空，追寻属于自己的成功。

企鹅为了从海里登上冰川，先要潜向海底，借助海水的浮力，向上冲刺，从而登上冰川。在向下深潜的过程中，它们经受着巨大的海水压力，但是这压力却最终成为了企鹅向上的动力——它们潜得越深，就会出水越高。

在企鹅向下的过程中，就好像我们经受的苦难，身处苦难中，我们不能沉沦而是应该将苦难化作动力，选择适当的时机奋然崛起，向着自己的理想前进。

第二章

朱元璋对你说 顺势而为

　　一个人，一个企业，甚至一个国家，其存在和发展都要依靠时代的潮流。当今世界日新月异，观念迭变，竞争日趋激烈。如何才能让自己在激烈的竞争中立于不败之地？答案只有一个：把握时代的脉搏，顺势而为。朱元璋就是抓住了时代的契机，在准确把握时代潮流的前提下，一步一步地发展起来，最终成就了一代霸业。

为自己创造有利形势

孙子兵法说道："激水之疾，至于漂石者，势也。"速度飞快的水流，造成湍急的水势，这水势能够将水底的石头飘起来，"势"的力量是如此强大。然而"势"不是从来就有的，水平静地呆在地上，是不会有"势"的，只有将水置之高湖，才能给水以"势"。我们现实中的人也是一样，只有不断地炒作自己，将自己抬高，才能创造出有力的形势，让自己借势走向成功。

历代帝王都会借神话来炒作自己的出身，一来，为自己造反起义找一个名正言顺的借口；二来，为自己吸纳人才、收复民心，找一个冠冕堂皇的理由；最重要的，这会使得自己夺取天下变得符合天命，让百姓比较容易接受。朱元璋也很善于炒作自己，于是，本来极为平常的农民出身转眼间就成了无比尊贵的神。

如果朱元璋以一介平民的身份夺得天下，那必将会给人留下这样的印象：同样是人，一个脑袋两条腿，凭什么你能做皇帝，我就不能？所以说，有着这种不服和挑战心理的人的存在将会对一个新生的王朝非常不利。

用现代的话说，朱元璋本来只能算是个小混混。他身无分文，只能靠乞讨为生。幼年时候，在地主家放了十多年的牛，后来更是跑到皇觉寺出家当起了和尚，研究佛法。但是，他参加红巾军起义，最终推翻了元朝的统治，成为了明朝的开国皇帝后，这样一来，他的身世就很快被神化了起来。

如果稍微留意一下历史记载中的皇帝们，就会发现，他们的身世大多不同寻常，他们的故事总是跟神或龙有关。一言以蔽之，他们都不是凡夫俗子。他们的母亲不是受到了什么神仙的点化而怀胎就是遇到了神仙而成孕，也就是说他们不是神的后代，就是龙的子孙。

历代的皇帝们都会编造一些传奇故事，以让人们五体投地地信服他，朱元璋也是如此。前面提到，他就编造了许多有关自己的传说：话说有一天，他的母亲在河堤坡睡觉时，父亲朱五四发现一条大龙伏在其妻子身上……意思无非是要证明朱元璋是龙种、龙命，是真龙天子。

当然朱元璋还编出其他关于他出生的传说。如在朱元璋出生的前一天晚上，正值秋收大忙季节，由于朱元璋家里人手不够，已经怀有身孕的母亲陈氏仍然坚持到田里劳作，干了一会儿活，感觉身体非常疲惫，她便靠在旁边的草垛上昏昏睡去。

在梦中，陈氏梦到从麦场的北边走来了一个穿着红袍、头戴黄冠的长髯道士，这个道士走到她的跟前，并用简板在麦场的麦糠里翻了一会儿，从中找出了一个小药丸来，接着他把这个小药丸递到了陈氏的面前。陈氏发现这个药丸非比寻常，开始慢慢地变大，并且发起光来，便问这个道士，这是什么东西？道士告诉陈氏说："此乃大丹，是个好东西，吃了之后，其妙无穷。"陈氏听从了道士的话，就把这颗药丸吞下肚，再找道士时，发现道士已经不见了。吃惊之下，陈氏一下从梦中醒来，便把这个梦告诉了丈夫，丈夫果然还能从陈氏嘴里闻到隐

隐的药香。

一个平常百姓家，发生这么一件闻所未闻的、令人惊奇的故事怎能不让人奇怪，但是精彩的事情还在后面。

到了第二天，陈氏仍然坚持在麦场里干活，干着干着突然觉着就要临盆了。于是她连忙往家赶，但是事有不巧，当她走到半路的时候就再也支持不住了，只好躲到山坡下的一个破烂的庙里生下了朱元璋。

朱元璋出生的时候，整个庙都在闪着红光，以至于映得附近的山岭也红彤彤的，这自然是不同凡响的事情。而当陈氏把朱元璋抱回家之后，乡亲们发现朱元璋的家里也是一片红光。起初，他们还以为朱元璋的家里起了火，就连忙拿着救火的工具跑了过来，等到了近处一看，却发现不是那么回事，就是朱元璋的家里人，一年之中也经常发现家中有红光闪烁，最终发现原来是敬神的烛光。从此，乡亲们愈发认为朱元璋不是俗人凡胎。

有关朱元璋身世的这样的神话层出不穷。

还有一个关于寺庙的神话传说，传说记载，朱元璋曾因为没有看管好寺庙中伽蓝殿案上的红烛，让它们被老鼠啃食而受到过长老僧人的责备，被罚用扫帚去打扫殿堂，他抬眼望去，伽蓝神像好像正在得意洋洋地看着自己，这让他气不打一出来。心想："你不是号称寺院的守护神吗，自己看护红烛不当，也该挨罚。"他举起扫把，在伽蓝神背后挥毫写下"发配三千里"五个大字，口中念念有词："神仙犯法与凡人同罪。方丈不敢罚你，我可敢罚你。"出了这口恶气，却耽误了扫地的时间，快到中午时候他才扫完大殿，心中不免焦急万分。扫着扫着，他就随口叨念着："小菩萨、大菩萨，快快都让开路，让我能顺利扫地。"

话音刚落，大小菩萨真的一个个地都站到了一边。朱元璋三两下就把大殿打扫完，又说到："小菩萨、大菩萨，我已经扫完地了，你们各自归位吧。"大小菩萨又听话地回到了原位上。

这天，朱元璋惩罚伽蓝神，并在它们背上写字的事被人告发到了方丈那里。方丈对此不是很相信，可是，他见到伽蓝神身像上确实写着五个大字，急忙叫别的小和尚把字擦去，气冲冲地去找朱元璋算账了。可当他来大殿之上时，映入眼帘的是朱元璋正在指示着菩萨移动扫地的场景，心觉惶恐，念着佛号"善哉善哉"地走开了。回到禅房后，他心想："这小和尚命途不凡，竟能让神灵都给他让路，我们这小庙怎么容得下他。"于是，他找个借口，说寺里歉收没有饭吃，就把朱元璋给赶出了寺庙，让他去云游。

朱元璋还编造了凤凰的传说。

朱元璋小的时候，家境贫寒，七八岁就开始给地主当牧童放牛。一到耕作的时节，他和其他的小童们都得到田间去耕作。中午，别人家的小孩都能回家吃饭休息，唯独他孤独地留在山坡上，与牛为伴。饥肠辘辘的他只有找些野果来果腹，由于家里穷，头上长了一些疮，头发也缺了几个角，太阳一晒，秃疮又疼又痒。能忍耐的时候，他还选一些草多的地方让牛吃草，后来太阳越来越烈，他就躲到石板上纳凉去了，也不管牛跑去了哪吃草。说起来让人纳闷，只要他一躺在石板上进入梦乡，头上的秃疮就不再疼痒，烈日也不再烤人，每天都能做一个好梦。原来，每当朱元璋熟睡之后，一只绚丽无比的凤凰就会出现在他放牛的雁子山西坡，单脚站立着，用五彩夺目的羽翼给石板上睡觉的朱元璋遮挡炎炎的烈日，送去凉爽的和风，伴他好眠。

铁血建功

朱元璋有话对你说

后来，同村的另一个人刚好经过，目睹了这一奇景，十分诧异，回去之后一传十、十传百，村上的老百姓们都听说了，他们争先恐后地朝西山坡跑去，想亲眼目睹凤凰的雄姿。吵吵嚷嚷的人群把凤凰惊得收起了羽翼，展翅飞上了蓝天，朱元璋也被七嘴八舌推攘自己的村民们吵醒了。这下他终于知道自己为什么每天下午都能美美地睡上一觉了，可是打这之后，不知为何，凤凰再也没有出现过。

有关朱元璋与凤凰的传说还有许多，其中有一则与朱元璋父母的墓地有关。

相传，在元朝末年的一天，凤阳县的天空中一只彩凤飘飘而来，盘旋了两圈后，就径直往西南方飞去，落在了一片荒地之中。消息一经传开，引得无数人前去观看。这时，当地的府官巡视恰巧路过，只见凤凰对着自己迎面降落，心里打起了算盘，想：凤凰神话中吉祥如意的神鸟，是百鸟之首，如果我能逮住它献给圣上，那真是今后官运亨通，想不发财都不行了。他越想越开心，不禁一个纵身扑了上去，可是扑了个空，只见那只彩凤展开羽翼，低鸣一声，鄙视地望了他一眼，便又飞进了蓝天白云之中。

围观的群众见凤凰被官员吓走，便都离去了。而府官爬起来整了整衣衫，却盯着凤凰落下的泥坑，大声驱使衙役说："你们赶紧过来，用铁锹给我挖，凤凰不落无宝之地，这坑里一定有宝贝。"衙役们从上午挖到晚上一直挖个不停，结果是什么都没挖着。府官气得拂袖而去，留下他们挖出的大土坑也不管了。

朱元璋的父母恰巧是那个县的人，不久后相继离世。那时，朱元璋还是个小孩，父母都是地主家的佣户，贫困潦倒，死后连请人来埋葬都请不起。朱元璋和他二哥只能用草席卷起父母的尸体，放在独轮车上，打算推去荒滩掩埋。没想到了凤凰落地、府官挖坑之处，突然乌云密布，电闪雷鸣，下起了瓢泼大雨。尸体一不小心滑进了坑中，朱元璋和兄长只好先到一棵大树下避雨去了。等到雨停了以后，两人打算捞起尸体，不料土坑被暴雨冲平了，狂风还卷成一个高大的土堆，造出了一个自然的坟墓，不得不说是天意使然了。

朱元璋登基大宝后，曾多次考虑给双亲启坟改葬，他亲自来到凤阳选择风水宝地，后来有人劝谏他说，之所以能得天下，是因为"凤凰点穴，府官打坑"的"风水宝地"里埋葬了他的父母，如若改址，破了这块"风水宝地"，一来使先人的魂魄不得安生；二来会不利于大明的江山社稷。朱元璋听取了这个意见，只是下令在原墓上培土厚封，兴修陵寝，后来就建成了如今的明朝皇陵。

在众多的"炒作中"最具传奇色彩的是，当年江淮大地上流言四起，盛传新天子要出现了。朱元璋也十分好奇，站到在一块废弃的石碑上，爬上石龟雕像的背去登高而望，没想到，石龟居然慢慢地匍匐爬行，前进了十好几步。朱元璋也就被围观的群民所神话，成了人间真天子、活菩萨。

传说如此美丽，但往往并不真实。熟悉朱元璋历史的人都知道，朱元璋在出生之前，他的父亲朱五四已经有三个儿子和两个女儿，家庭重担早已承受不起。为了生计，陈氏怀胎十月还要在田间坚持劳作，以至于最后只能在庙里把朱元璋生下来。这些事实远不如传说中的那样神奇。

朱元璋运用自己的皇帝之位，集中央大权，如此鼓吹自己的不凡，

第二章

朱元璋对你说顺势而为

无非是想以此制造一种舆论，使得自己打天下、做皇帝变得名正言顺，以便摆脱掉逆天而行的忤逆之徒的名声。

不仅如此。朱元璋的神话除了"证明"自己是真龙天子之外，还有一个好处就是可以给那些居心叵测、跃跃欲试者一个警告：我朱元璋是什么人，是神人，是真龙天子。而你们不过是一介草夫，跟我斗，也不掂量一下自己有几斤几两，与神作对的人肯定是没有好下场的，所以我在这里奉劝你们不要轻举妄动，否则休要怪我"龙颜大怒"，到时弄个粉身碎骨，满门抄斩。

"炒作"是现代社会才出现的一个新兴词汇，有人在其出现之初，给它贴上了恶俗的标签，认为它冲击了传统的道德。但是我们要注意的是炒作并不全部代表着恶俗，事实上炒作是为了获得成功而进行的有效宣传，就好像大街边的广播，宣传电影的海报一样，没有什么不对的。我们要做的，就是如何正确地利用炒作，给我们的成功之路，奠定舆论基础，给我们走向成功创造一种有力的形势。

为了给自己创造有利的社会形势和舆论导向，朱元璋一手制造了有关自己不凡出身的种种神话传说，使得人们对于他的身世有了新的理解。这种种传说与神话故事不仅有利于稳固朱家的江山社稷，更加有助于明朝的统治。那些家境贫寒、父母早亡、独自一人在外流浪的故事，对朱元璋是不利的，只能使朱元璋的威信全无，人们是不能容忍一个小叫花子当皇帝的。所以就应该避开那些不利的因素，把由此而引起的对自己的损害减小到最低的限度。作为封建时代的君主，这种做法无可厚非，也只有这样，天下的百姓才会心安理得地俯首称臣。

朱元璋借助神的威严和旨意来达到自己的目的。由于朱元璋成功地借助了舆论，使得自己的出身一下子高贵了许多，人们在接受了这个传说的同时，也接受了朱元璋这个皇帝。

对于世代的形势，庸人视而不见，普通人看到了却抓不住，成功人士会牢牢抓住，而王者，却会运用自己的能力，创造一种形势为自己所用。

炒作这个词，在我们现在看来，有一些贬义的成分，然而所有成功的人里面，从来就没有在默默无闻中走向辉煌的，他们能够巧妙地运用炒作，创造一股适合自己的时代形势，自己则坐在这形势潮流的最前沿，借助形势推动自己走向成功。

我们现代生活中，时代步伐不断加快，人们看到的景象日新月异，我们更要学会炒作自己，将自己推到世人的眼前，亮出自己，为自己创造一种形势，推动自己走向成功。

善于亮出你自己

明太祖朱元璋像

常言道：乱世出英雄。作为每个时代所需要的伟大人物，他们都很善于把握时局，同时又能在此基础上抓住机会，从而处处大胆地表现。他们深知机会并不会幸运地多次

降临给每个人，有时仅仅一次而已。尤其是在争霸天下的严峻时刻，更不能错过这少得可怜的一次机会。抓住了就可能成功，就会赢。"机不可失，失不再来"，说的是机会不等人，如果白白放过，就可能再也没有机会了。机遇是人成功的一个有利因素，有的人善于驾驭机遇，有的人则放弃机遇。这就要求我们在时代的洪流中，要抓住机遇，给自己一个表现的机会，亮出自己，获得成功。

作为以军事起家的一代帝王，朱元璋还早在起步伊始，就是个会抓机遇的人，并能随机而表现。他走出皇觉寺，投奔郭子兴后，在军中处处显才弄智。他体格健壮、极富朝气，在郭子兴军中，如鱼得水，又似"锥处囊中"。朱元璋一系列的表现，是如此果敢，他在郭子兴军中大显身手，使他赢得了元帅的信赖，被授予九夫长。对此，可以说，他第一步成功了。

对于朱元璋来说，他意识到自己是从一个朝夕生命不保、存身无处的穷和尚，在时代潮流的裹挟下，投身到了反抗黑暗专制，这是一个空前的飞跃。这一巨大的人生转折在于，他由一个踽踽独行的受苦人，一个孤苦无助的生命个体，投身到了一种政治力量，把一个无意义的人变成了政治军事集团中的一分子。从此，他的生命不再孤独，同政治事业紧紧连在一起。

朱元璋在正式成为红巾军士卒，并且成了郭子兴近身的一个步卒后，他就脱下了袈裟，穿上了红袄，缠上了红头巾，成了地地道道的一个红巾军士兵。对于朱元璋来说，这种转变并非是表面上的，而是深层次的，他在训练场上表现非常出色，不但能够完成训练任务，而且还能时时有所发挥，显示出了积极主动性、事业心和主人翁精神，这种精神是做首领的最为高兴的，自然也会被郭子兴引为同类，让他觉得朱元璋是一个可造之材。

这就是说，此时由于朱元璋自己的出色表现，把队伍的建设当成自己的分内之事，把队伍当做自己的家，已经引起了濠洲红巾军统帅郭子兴的注意，初步达到了目的。朱元璋的做法非常简单，由于他的基本素质好，加上他自觉表现自己的长处，在日常的工作训练中积极主动，处处表现出与众不同，很自然就在其中显得鹤立鸡群。

朱元璋在训练场表现得如此出色，立竿见影，很快便得到郭子兴的器重。而身经百战的郭子兴也知道，对一个可造之材来说，是骡子是马总要拉到实处遛遛，只有在战场上才能显出真正的千里马。于是在出兵打仗的时候，郭子兴就有意把朱元璋带在身边，以此来考察朱元璋在战场上的能力。这一考察，他发现朱元璋在战场上的表现也同样出色。在起兵反元初期，起义队伍中最需要的是人才，郭子兴能够比别人更为深切地重视这一点。朱元璋的出现，使惜才爱才需才的郭子兴发现自己招到了一个才俊，他心中的欣慰是可想而知的。

更令人惊喜的是这匹千里马一下子脱缰而出。朱元璋从一个非常平凡的新士卒，很快被郭子兴看中，他在战场上的一系列表现使得他成了郭子兴的亲信。

这说明了什么呢？厚黑学告诉我们，我们要善于抓住机遇，该出手时就出手，充分表现自我，点滴做起，由小到大。

需要我们理解的道理还有：朱元璋投身到红巾军中，并没有一开始就做将领。他出身寒微，一介布衣，没有领兵打仗的资历，怎能指望一开始就为人赏识，得人重用呢？所以，他是从最普通的一个小兵开始

的。至于说到机遇，如果是以时间来论的话，与朱元璋一同的士兵或者说比朱元璋更早的士兵当然在朱元璋之上，但是其他人并没有像朱元璋那样一步一个台阶，步步高升，这是为什么呢？当朱元璋渐渐在郭子兴的元帅府站稳了脚跟时，恐怕还有很多像朱元璋那样的士兵仍旧在原地踏步，这又是何种原因呢？这就是本篇一开始所说之理，既要有素质，又要有机遇。机遇固然重要，但要看如何理解、如何把握。

在现实生活中我们发现，许多情况下我们所谓的机遇并不确切，把什么都归于机遇显然是一种逃避努力的说法，如果一味等待，我们在事业上就只能像白头宫女一样，得不到命运之神的赏识了。

一开始，朱元璋也仅仅是一个平凡的兵，但他这个兵做事是不平凡的，因为他不等待机遇反而创造机遇。作为新兵，朱元璋的表现是很积极的，这一点谁都看得见，谁都可以理解，因为他们都是从这一步过来的。对于朱元璋来说，他比任何人都明白，初来乍到，他要给所有的人都留下一个难以忘却的印象，其实主要动力是来自他要大干一番事业、成为霸主的内因。客观上，他刚来投奔时，郭子兴没误杀他，反而任用了他。这些都促使他要好好表现。

在巡逻或小规模的战斗方面，他的计谋层出不穷，而且主意出得恰如其分，上下都能接受，这的确不容易做到；上边交给的各项任务，他总是毫无怨言地接受，领会得很快，办理得亦很快，且完成得很圆满，很出色；他还敢作敢为，尽管在职务上仅仅是一个小小的亲兵，但他从来说一不二，丁是丁卯是卯；战斗中，他勇往直前，但不瞎冲直撞；对敌人充满了恨，对战友充满了爱；还有，如果得到战利品，无论是什么东西，他统统上交给带队的，一点也不私贪；立了功，他总是推说是战友们帮助的结果；既有决断能力，又不失沉着冷静……总之，在任何情况下，他的反应都是那么敏锐和快捷。

在平时训练和日常生活方面，他从不惜力，早起晚睡，用功甚是扎实，不耻下问，直到弄通弄懂为止；还善于帮助他人，在官兵之间起到了传帮带的作用。因为多少识几个字，在当时就算是半个文人，因此在文盲遍地的军中就占有很大的优势，他常常是高声念上头发下来的各种文告，声音响得生怕别人听不见似的；还帮文盲战友读家书，如此等等，不一而论。在与将士们日久天长的接触中，他的声望就在军中形成了，并逐渐在人心目中树立了勇敢、善战、有主意、讲义气、能团结的好名声。有了威望，就有了牢固的基础，有了一切。大家团结在自己周围，就没有克服不了的困难，没有办不到的事。

朱元璋的所作所为，通过带队的被反映到郭元帅那里去。郭元帅非常高兴，庆幸自己没有选错人，于是就把朱元璋调到帐前做亲兵，要当自己人来对待、培养。从此两人经常碰面，渐渐就混熟了。经过长时间观察，郭元帅发觉朱元璋的确是个难得的人才，就更加高兴和得意了，进一步把他当成更亲近的人来看待。随着日子的推移，竟贴心到了无话不说的地步，遇有大小事都与他商量，在有些重大问题上，还采纳朱元璋的意见。

因为朱元璋在元帅府当差，在府内外来回走动较多，时间一长，就被郭子兴的二夫人张氏看中了，别看张氏是个妇道人家，但眼光看得甚远，有一次她对郭子兴说："朱元璋是个异人，一定能帮助你的，不信你看着，他来日肯定有作为。"出于这样的考虑，张氏就打算把他们的养女马姑娘许配给朱元璋。当她把这一想法说给郭子兴时，郭子兴也有

第二章

朱元璋对你说顺势而为

这个意思，于是两口子一拍即合，至于朱元璋，哪有不同意的道理呢！他们就择了吉日，让两个年轻人结了婚。（那个时候的马姑娘，即后来的孝慈高皇后，也叫马皇后。）郭子兴与朱元璋原来的关系，只能算是知心或者贴心，但现在却是真真实实的一家人了，也正是这样的原因，郭子兴给朱元璋起官名叫"元璋"，字国瑞。至此以后，朱元璋有了靠山，做起事来手脚放得更开，胆子也更大了。

郭子兴所在的濠州红巾军由于朱元璋的存在，队伍越来越发展壮大，同时令人棘手的是，军中也存在着各种各样的矛盾。濠洲的红巾军部队是由郭子兴与其他四位将领共同领导的，这些人中，论实力和名次郭子兴只居第五位，其中实力最强的是孙德崖。当初攻占濠州，郭子兴起了主要作用，他善计谋、懂军事、识大局，所以不与人争位。而孙德崖等四人都是鲁莽粗直的庄稼汉，他们不识字，见识短浅，胸无大志，性格憨厚而缺少战略头脑，只会纵容部下敛财扰民，所以不堪大用。而郭子兴性格刚直孤傲，不肯屈于他们，并时时奚落他们一番，如此势必会形成尖锐的矛盾。

有矛盾，其实并不可怕，关键是矛盾公开化之后，怎样对待矛盾？矛盾公开化之后，郭子兴一开始的反应就是回避，他经常不参加会议，由此被其他几个将领怀疑。朱元璋看到了这种情况，暗暗为郭子兴担心，他私下里找到郭子兴，为他出谋划策。他告诉郭子兴，依目前的局势，任何一个人从起义军中分离出来，必然会被元朝的军队所击垮，因此，搞不必要的内耗是完全要不得的，要放下架子，与那些人打成一片，多参加会议，多听听他们的意见，与他们交流一下看法，这样次数一多，就会使彼此互相了解，也更能够增加了解，由此形成一种良性循环，其间所造成的误解自然就容易消除了。郭子兴认为朱元璋讲的很对，就照朱元璋说的那样做了。但江山易改，本性难移，刚好不过三天，郭子兴又旧病复发，与孙、俞、鲁、潘四名起义军将领闹翻了。由此，红巾军濠州部队内部的矛盾已经公开化，矛盾的一方是孤高耿直的郭子兴，另一方是性情憨直的孙、俞、鲁、潘四个元帅。郭子兴和他们关系闹翻后不再参加原来的会议，又使得双方互相猜疑和提防，生怕对方设下陷阱，发生斗争。

对这件事，郭子兴不但没处理好矛盾，反而激化了矛盾，终于引起了兵戈，他被人捉拿了，而郭子兴的部下竟一时无法救助。

救郭子兴一事，无疑是朱元璋的一个壮举。这件事对于朱元璋来说是颇有意义的，这使他在具有一定处理军务的经验和指挥作战能力的基础上，又平添了处理突然事变的能力和政治斗争的经验。

在救出郭子兴方面，朱元璋交了一个很完满的答卷。郭子兴有恩于朱元璋，此举体现了朱元璋作为一名前景远大的青年将领的责任心和道德操行，这对奠定他在军中和诸多起义将领中的威望无疑是大为有用的。

作为一个帅才是应当如此的，而且要做一个将帅之才还必须会管理，朱元璋在管理上所显示的才智也是惊人的。有道是百足之虫死而不僵，旧王朝苦心经营之下，一般都是很有实力的。在这种情况下，要想推翻旧王朝，各路豪杰就必须尽快结束一盘散沙的局面，集中兵力，统一协调。这个道理说起来简单，做起来却殊为不易，这是因为，无论是哪一支军队，其起兵都是为了自身的发展，如果能够有办法不屈人之下，他们是不会爽快地交出军队的指挥权的。这些人也深深知道军权重

于一切的道理，每个人都抓住兵权不放。如果你开出的条件不符合他们的胃口，他们自然对你不屑一顾。

面对这种情况，就必须采取这样一种策略：对于这样铁了心与你作对的军队，自然应该坚决消灭，不能有丝毫仁慈。对于那些模棱两可的军队，则要尽力使他们相信自己的诚意，争取他们的信任，而最终的目的则是把他们吸收到自己的一方来。在元末农民大起义中，朱元璋就遇到这样一种情况，他自然要竭力争取了。朱元璋针对起义的士兵成分极杂，军纪不严，将领素养不高等情况采取新的方式：用训练士兵的方法来约束士兵。平时，他非常重视部队建设质量，认为兵不贵多而在于精。由此，他整军纪，抓民心，稳军心。经过从严训练、赏罚分明的管理，部队显得文明多了。

朱元璋此时的情况就好比在聚沙成塔，而严明的纪律就成了把这些人聚集到一块，形成一个整体的黏合剂。严明的军纪使得原本一盘散沙的杂牌军形成了有效的、能够合力对付敌人的战斗集团。

总之，在这里我们不难发现，此时的朱元璋已经从眼光、气度、谋略方面与其他的起义军将领显示出了区别，而且这种眼光、气度、谋略等等已经具体地体现在他对军队的管理上。比如他从不让自己的军队扰民；注意军功，赏罚分明；注意人才的使用，使得人尽其才，并且也没有其他起义军将领所固存的那种嫉贤妒能的缺陷。

一个人胸襟褊狭，气量狭小，是绝对成不了大事的。胸襟与气量大小往往是通过能否恰当处理公与私、人与我、长远利益与眼前利益等一系列关系而表现出来。朱元璋之所以能在短短的时间内博得郭子兴的特别宠信，完全是由于他以仁的宽广胸怀，出色的智谋和英勇无畏的战斗精神，彻底征服了人们的心，彻底征服了郭子兴自己及其周围的所有人的心。

处处留心皆学问，这是做人处世的秘诀。该显山时就显山，该露水时就露水，朱元璋是个不甘平庸的人，他的与众不同是能抓住时机，踩稳上升的阶梯。

在我们中国人的传统理念中，含而不露的谦虚一直被视作一种美德。古代先贤们更是有一种藏贤于深山的道德归属感。传统思维中，一个人的实力，要等到别人传扬，直到被"礼贤下士"的领导者发现，才能够最终获得认可，这才是所谓贤士的修身之道。

然而，这种所谓的贤人在很多时候都得不到资源利用的最优化，就好像姜子牙，辅佐周王伐纣灭商，开创了周朝的一代盛世，其能力不能说不够。但是姜子牙80岁才得以出山，虽有百岁之寿，其创功立业也不过短短20余年，在我们当代，试问谁有勇气让自己的能力酝酿到80岁才得以发挥？这就要求我们，把握住每一次机会，尽自己最大的能力将自己展示在世人面前，只有这样，我们才能把握住竞争先机，在竞争中处于有利地位。

今天，我们欣喜地站在人类历史千年交汇的码头，翘望新世纪的曙光。人们凝视着滚滚东去的波涛抚今追昔的时候，蓦然回首，就会惊奇地发现：在上一个千年交汇的潮头，在风云变幻的世界各地同时展现着相似的画卷。在那个时期朱元璋抓住了展示自己的机会，并一步一步地走向了成功。我们现代人同样也要学习朱元璋这种态度，努力抓住每一次机会，展示自己的才能。时代的洪流滚滚向前，湮没了多少英雄，观古鉴今，我们更应该学会抓住机会，勇于在时代的洪流中展示自己，让自己走向成功。

分析大势，确定发展思路

每一个时代，都有自己发展的局面，在不同的情况下，为了获得成功，我们所要做的，就是冷静地观察、分析时代的潮流，局面的整体，把握住整个情况中的局势——大势。在大势所趋的方向上，确定自己的发展之路。

在元末风起云涌的农民起义，刘福通可以说是第一个吃螃蟹的人，1351年5月，刘福通就已经举起了义旗反抗元朝暴政了，其实浙江的方国珍还要早，只是方国珍孤军起义，影响不大，所以在一定程度上被人忽略了。刘福通为了给大家一个好彩头，就让大家在脑袋上戴上红头巾，所以叫红巾军。红巾军在河南颍川举起大旗，义旗一举，天下的百姓觉得终于有人挑头先反抗了，等这一天已经望眼欲穿了。前文已有所讲述，各路人马都揭竿而起。

再结实的朝廷也禁不起这样的反抗，更何况元朝当时已经有点金玉其外，败絮其中，这么多精兵强将不间断地冲锋，元朝很容易就变得脆弱无力了。几年的时间过去了，元朝南边的防线彻底被打乱了。

到1356年，黄河以南基本上已是汉人的天下：刘福通散布传言，说韩山童是皇帝后裔，他死后韩林儿就自然要子承父业，于是拥韩林儿为帝，并且拥有安徽、江苏、河南、山东等大片领土，还不断向北方和西北进攻；徐寿辉在武昌当了土皇帝，拥有湖北、湖南、江西等地；张士诚在苏州称王，并且拥有江苏、浙江等地；明玉珍则杀入四川、云南，在那里称帝。这四支队伍将南方的土地割占得差不多了，每人一块，互不干扰，一起致力于消灭元朝的军队，可以说那时候大家的目的很是单纯，所以反抗元朝取得了不少的成效。那时候的朱元璋还是一个普通小兵，通过自己不断地打拼，继承了已死的郭子兴队伍的朱元璋，兵力不过区区二三万，范围不过就是安徽中部滁县、和州的一小块地方。

朱元璋分析局势，战斗四起，各方势力都已经攻占了自己的地盘。以前只有投靠别人一条路，如果不这么做的话，就没有丝毫好处了。如今的朱元璋已经是小有实力，也想自己占块地盘，调兵遣将，被人呼之则来、挥之则去的日子他算是过够了。于是他放弃了投奔他人的想法，打算在这乱世中闯出自己的一片天。许下志愿是容易，可要成为乱世枭雄，地盘和人马必不可少。朱元璋充分打点了自己的人力物力，细算之下，心里一凉，自己地盘狭窄，而且穷得快揭不开锅了，根本没有余钱去扩充人马。这怎么去扩充地盘呢，而且四面都是豪强，要想抢夺地盘哪有那么容易：当时北部是起义军中最强大的刘福通，他的势力范围横亘在中原地区，阻挡了元朝军队的进攻，自己根本没有实力也不可能有机会分得一杯羹；东面沿海地区交通便利，是块好地方，可那早已是张士诚的领地；西面有徐寿辉，实力也是远远超过自己。现在的朱元璋根本没有兵力去和这些人斡旋。

但是朱元璋眼光独到，他日思夜想，发现元朝在南方地区兵力最弱，而那里至今还有一块不大不小的范围被元朝掌控：那恰好是张士诚和徐寿辉势力的中间空白部分，即江苏中西部直到浙江中西部的一片地

第二章 朱元璋对你说顺势而为

区。虽然周围遍布豪强，但是那里人多地肥，物华天宝，而且还包含一个地势险要、战略意义极高的要地——建康。如果能拿下此处，朱元璋的势力就不可同日而语，也有机会去剑指天下、问鼎中原了。

"大江东去，浪淘尽……"令许多仁人智士缅怀赤壁之战。遥想曹操当年，号称百万大师，欲渡江作战，结果失败了。"风箫箫兮易水寒，壮士一去兮不复返"说的是勇士过江去争斗而失败了。"投鞭断流"形容的是淝水之战符坚军队的威猛，但最终失败了。自古以来，很多欲创大业者，尽管有破釜沉舟之壮举，但很多都如舟沉桅倒。

朱元璋也深知此理，但他现在已有实力，有能力，羽翼已经丰满。朱元璋分析了四周的形势之后，认定只有离开家乡，率众渡江，才有出路。可是，横渡长江需要有大量船只水手，朱元璋一时无处筹措。正在这时，巢湖水寨的红巾军首领李扒头、赵普胜因与庐州另一支起义军首领左君弼有隙，屡遭攻击，遂派部将俞通海到和州向朱元璋求援。朱元璋早就听说巢湖水寨有大小战船一千余艘，水军一万多人，岂能放过这个天赐良机。他亲自赶到巢湖，力劝李、赵与自己一同渡江，到江南发展势力。李、赵别无他策，也就答应了。朱元璋带领巢湖水师向和州进发，途中遇到元军拦阻。朱元璋回和州调集了一批商船，装载精兵，击败了元军。巢湖水师利用连日大雨河水暴涨之机，顺利渡江，驶抵和州。只有赵普胜半路反悔，率部离去。

朱元璋于是准备好了船只、水手，渡江条件已没多大问题，但在商讨渡江方略时，虽然万事俱备，但他觉得这样做还是太过冒险，于是他决定先攻取采石（在今安徽马鞍山市长江东岸）。六月初一日，朱元璋率众渡江。所有将士的家属，包括马夫人，都暂留和州。这样一来可以减少行军作战中的不便，二来也使将士有后顾之忧而不敢脱逃叛变。快到南岸时，朱元璋认为采石是个大镇，防御必严，旁边的牛渚矶伸入江中，不易固守，于是命部队在牛渚矶上岸。经过一番搏斗，矶上元军四散溃逃，朱元璋大军顺利登陆，很快拿下采石。渡江成功，李扒头便想独立发展，他在船上设宴，想借机杀死朱元璋。朱元璋先已得到消息，但不露声色，只是推病不去赴宴。过了几日，他也在船上设宴回请李扒头，李扒头不知自己的阴谋早已败露，前来赴宴，被朱元璋灌醉后，捆住手脚扔入江中，其部下全部归顺了朱元璋。

伟人与凡人就是不一样，朱元璋在争夺权利的过程中，足智多谋，化解里里外外的矛盾，以长远的眼光博得同情。跟宋代范仲淹所说的"先天下之忧而忧，后天下之乐而乐"有相似之处。一个不能吃苦的人万事都难以成功。苦尽甘来是万古不变的真理。

常言道："知足者常乐"，就某种意义上来说有点消极，但对于那些为追名逐利而贪赃枉法的人来说，这句话仍不失其真意。因此，"让一步，宽一分"是得道者的常用方法。

采石战捷后，朱元璋又采用了一个破釜沉舟之计。他看到士兵们抢着搬运粮食牲畜，显然他们把渡江视为一次出外打食，都想退回和州。朱元璋在与徐达等几位将领商议后，下令砍断缆绳，把所有船只都推入急流漂走，传令全军说："前面就是太平，城里财宝美女，无所不有，攻下此城，任你们随意取用，然后就放你们归去。"将士们听了，无不欢欣鼓舞，直奔太平城下，人人奋力，很快就破城而入，刚要大肆抢掠，朱元璋早让人将严禁掳掠的告示张贴于通衢。有一个士兵犯法，朱元璋立命斩首示众，民心大安。富豪陈迪等捐献了一批

第二章 朱元璋对你说顺势而为

财宝，朱元璋全部分给将士们，大家也就心满意足了。朱元璋又让开仓放粮，救济贫民，太平的老百姓自兵乱以来，哪里见过这么好的军队，无不衷心拥护。朱元璋下令将元朝的太平路改为太平府，任命儒士李习为知府，又在都元帅府下设置太平、兴国翼元帅府，自任元帅，初步建立起军政机构。

对于太平的失陷，元军深感不安，其实元军已到了苟延残喘的地步，但腐朽的元朝统治者还要做最后的垂死挣扎。不久，元军组织反攻，兵分两路：水路由右丞阿鲁灰等率领，以巨舟封锁采石，断绝朱元璋军归路；陆军由方山寨"义兵"元帅陈野先率领，围攻太平府城。朱元璋命令把府中金银全部搬到城上犒赏将士，击退元军，生俘了陈野先，陈野先为了保住性命，只得假意投降。

朱元璋是个极其自信的人，是个不急于庆功的政治家。他不仅是一个善于创造胜利的高手，更是一个善于正确面对胜利的大师。在夺取胜利时，他比别人更能高瞻远瞩，这样，就可以借此发现别人未能发现的不足，勉励自己也激励他人：新的困难还在前面，不要沉醉于庆功酒中。正因如此，他总能将人从胜利引向另一个新的胜利。

到七月初，朱元璋便兵分两路进攻集庆，南路由徐达指挥，北路由张天佑带领。张天佑率领的是陈野先的旧部，陈野先早让人暗中叮嘱部下不要力战，结果致使张天佑兵败而还。南路军进展顺利，先后攻占了溧水、溧阳、句容、芜湖等地，对集庆形成三面包围之势。九月间，朱元璋再次发兵攻打集庆，郭天叙、张天佑率军击败城外元军，直抵集庆东门，陈野先也率军进抵集庆南门。陈野先与元将福寿暗中约好，设酒席宴请郭、张二人，席间杀了郭天叙，将张天佑擒送福寿，亦加以杀害。对于陈野先的假降，朱元璋早就洞见端倪，可他还让郭天叙、张天佑与陈野先一起去攻集庆，又不告诉他们实情，导致二人遇害，实际上是玩了一次极其隐蔽、极其高明的借刀杀人之计。郭、张既死，郭子兴旧部全归朱元璋指挥，他成为了名副其实的都元帅。

每个有雄才大略的人，在夺取天下的时候都是不易的，朱元璋自然也是，他步步为营，一步一个脚印。旧政权的把持者从不会轻易放弃自己手中的权力，由于元军占据了采石，割断了朱元璋的交通线，将士们很担忧家属的危安，军心有点动摇。于是朱元璋又反攻采石，结果获胜。就这样朱元璋重新贯通了交通要道，稳住了军心。朱元璋觉得拿下集庆的时机到了。他准备把集庆路改为应天府，以示自己是"上应天命"。

公元1356年3月1日，朱元璋亲率大军进攻集庆。兵至江宁镇，攻破陈野先大营，降其部众3.6万人。为了尽快消除新降士兵的疑心，朱元璋从中选拔出500名壮士，夜里让他们担任自己的侍卫，而把原来的侍卫和亲信全部撤走。这些人见朱元璋如此信任自己，无不感激，誓死图报。初十日，朱元璋麾军向集庆发动总攻，在蒋山（即钟山，又名紫金山）大败元军。城破，元军主将战死，其余300余名将官均被俘获。江南重镇集庆，连同50多万军民，都落入朱元璋之手。入城之后，朱元璋召集官吏军民，宣告说："元朝政治腐败，以致干戈四起，生灵涂炭。你们处在危城之中，日夜忧惧，惟恐不能自保。我率兵来此，就是为了除乱安民。请你们各安本业，不要疑惧。贤人君子愿随我建功立业的，我必以礼相待。官吏不许横暴，为害百姓。旧的法令制度有不利于百姓的，一律废除。"大家听了这番话，又见朱元璋军果然纪律严整，都放心了，

第二章 朱元璋对你说顺势而为

集庆城里很快就秩序井然。

然而对朱元璋来说，占据应天后，所面临的形势非常严峻，可以说是真正的"四面受敌"：东面有元将定定扼守镇江；东南张士诚已据平江（今江苏苏州）；东北是青衣军张明鉴据扬州（今江苏江都）；南面元将八思尔不花驻徽州（今安徽歙县）；西面的徐寿辉已把势力扩展到池州（今安徽贵池）。但就全国范围说，与元朝主力中间却隔着三股反元力量，东面是张士诚，北面是小明王，西边是徐寿辉，恰好为朱元璋构成三面屏障，起到了阻隔元朝主力军进攻的作用，这对朱元璋又是极为有利的。

当时元军正以全力和小明王作战，张士诚的兵力也很活跃，徐寿辉则忙着在湘汉流域攻城掠地，使元军处于多线作战，手忙脚乱。特别是北方红巾军，二三年间，几路出兵，转战万里，风驰电掣，横扫中原和北方广大地区，把元朝的主要兵力吸引在北方，有力地掩护了南方红巾军及反元力量发展，更重要的是成为应天的北部屏障。元朝主力部队应付北方红巾军用尽一切力量，大敌当前，自然顾不到东南地区新起的力量。朱元璋趁元军无力南顾期间，得以生存，并逐步巩固根据地，扩充实力，使疆土日增。

朱元璋是大智的，从不会惊慌失措，他总是以智慧的眼光分析眼前的形势。这次，朱元璋决定首先迅速攻占应天周边地方。他知道，如果镇江落在张士诚手里，便可以直捣应天；宁国（今安徽宣城）如被徐寿辉占领，就像背上插了一把尖刀，关系重大。为确保应天安全，巩固江南行省政权，就非取得这两地不可。他在攻取应天的当月，3月16日，便任徐达为大将军，率汤和、张德麟、廖永安等统兵进攻镇江。临行前，怕军纪出问题，他故意和徐达等演了一幕苦肉计，召集将领，指责徐达等一些将领曾纵容士兵杀戮抢劫的过失，表示要以军法处治。在李善长等恳切求情下，他才同意徐达等戴罪立功，并告诫众将说："我自起兵以来，从未随意杀掠。现在你们带兵出征，望体察我的心意，严厉约束士兵。城破之日，不得烧杀掳掠。有犯军令的，军法处治。如有纵容，严惩不赦。"诸将赶忙叩头受命而去。

朱元璋很快如愿地占领了自己想占领的地方，剩下的时间朱元璋很大一段时间都是在壮大自己的实力，养精蓄锐，"老老实实"地呆在小明王的羽翼下，悄悄地发展壮大。他抗元是在自己有了足够大的实力但是敌人依然没有看到的时候，当然这是后话。

攻下集庆，可以说朱元璋已取得半壁江山，标志着朱元璋的霸业雏形已经形成。历史风云总是变幻莫测，朱元璋的每一步路，都是脚踏实地地走出来的，他对自己从来都不满足，他扎扎实实打天下，定天下，安天下，每取得一点战果，他都要巩固，站稳脚跟，然后又在原来的基础上继续迈步前进，夺取更大的胜利。朱元璋的每一步靠的都是真功夫，是费尽千辛万苦得来的，而这样的开创大业之路都与他的冷静分析有很大关系。

不论是一个人，还是一个企业，甚至一个国家要获得发展，都离不开正确的发展思路。发展思路的确定，却要源自于对一个时代大势所趋的冷静分析。发展思路决定发展的方向，发展思路是否符合时代的潮流，是否是大势所趋，则决定了发展的最终结局。

所谓大势，就是大局的趋势。《三国志·魏志·刘放传》："乘胜席卷，将清河朔，威刑既合，大势以见。"对大势的分析就是要把握住

大局的发展趋势。只有把握住了这种趋势，才能明确事物未来的动向，才能更加有效地结合大局的形式和自己自身的条件，确定自己的发展思路，最终发展获得成功。

朱元璋的睿智在于，他有着冷静而深刻的头脑，面对形势，面对各种变化，他都不会盲目地决定自己的发展思路。他总是冷静的观察局面，思考混乱的局面之下所蕴含的大势，然后根据大势的潮流来决定自己的发展思路和方向。应该说，这种顺时代的大势的做法在根本上奠定了朱元璋一直在朝着胜利的方向前进。并最终在时代的洪流中实现了自我的价值，成为了一个时代的最高峰。

我们现代人的发展也是一样的，就像上文提到的，无论是个人的不断成长，还是企业的创立发展，就连国家的崛起，都应该遵循时代的潮流大势。谈到个人的成长，首先要认清大势，首先看社会需要什么样的人才，其次看自己的兴趣所在，结合大势和自己的兴趣爱好，确定自己的发展思路。只有这样的发展，才是符合实际的，才是最有效的，才是最接近成功的发展之路。

在角逐中称雄

在我们走向成功的道路上，不会一帆风顺，甚至会充满艰难险阻，正所谓风险和机遇并存，想要获得成功，在抓住机遇的同时，就要面对更加巨大的风险。但是这时候，想要获得成功，就不能够退缩，而是要勇敢地投身到时代的大潮中搏击风浪，因为强者都是在角逐中产生的。

随着朱元璋的势力增强，他的地盘越来越大，但是此时朱元璋未能高枕无忧，因为陈友谅占据着长江中游地区，势力比朱元璋有过之而无不及，他自然不能坐看朱元璋的发展。因此两股势力开始发生摩擦，并发生了两次较大的战斗，结果都是朱元璋取得了胜利。

在经历了内乱的风风雨雨之后，朱元璋迎来了新的一年——至正二十三年（1363年）。这一年，朱元璋做了两件大事：第一件是援救安丰，第二件也是最重要的一件就是在鄱阳湖与陈友谅决战。

陈友谅对朱元璋作战虽然之前接连两次失利，但是蹶而复起，毫不气馁。三月朱元璋兵发安丰，四月，他就做好了一切出击准备。帆樯如林，战旗如云，号称大军六十万，蔽江而下，连家属百官都乘载而来，志在必取。

四月二十三日，兵围南昌。大都督朱文正布置诸将进行了顽强抵抗，坚守两个多月，拖住了陈友谅的进兵步伐。

当时，朱元璋的两员大将徐达、常遇春正在围攻庐州。但庐州城池坚固，一时无法攻下。朱元璋认为不能因为庐州而失了洪都，就急忙命他二人撤围回师。七月六日，朱元璋援救洪都的军队与徐达、常遇春军在龙江会师，共二十万人马，杀奔洪都。

这一仗是一个双方主力相拼的生死之战。七月十六日，他们在湖口开战。朱元璋派遣戴德率领一支部队驻扎在江北泾江口，另外，又派一支军队扎在濒临湖口的南湖嘴，这两只军队就像两把铜锁，把鄱阳湖北出长江的门户给紧紧锁住，彻底断绝了陈友谅的退路。又让人去信州传信，让那里的部队赶去南昌东南方的武阳渡口，围追堵截陈友谅残军，

绝不放走一兵一卒。陈友谅的部队也是倾巢而出，打算和朱元璋一较高下。在七月十九日，主动撤走南昌的包围，往东进发，到达鄱阳湖，打算给朱元璋当头一击。

七月二十日这天，两股势力在鄱阳湖南面的康郎山相遇。陈友谅把水军汇集成矩形阵。朱元璋见状说："敌方大舟首尾衔接，进退两难，正利于各个击破。"他把自己的水师分为十一队，每队分配了火器、弓弩。下令诸将："火器先攻，弓弩次之，接近敌军之后，就改用短兵器近身攻击。"

战争首先由徐达、常遇春、廖永忠等率部在七月二十一日发动。徐达一夫当关，在齐天的炮弩掩护之下，杀向敌方，势不可挡，共杀敌一千五百多人，还俘获了一艘巨型舰，战功赫赫。这么一来，将士们原本对陈友谅军队拥有的大舰还有些畏惧情绪，如今全没了，一鼓作气继续进攻。俞通海连发风火炮，命中率很高，陈友谅的二十多艘战舰瞬间被火光所吞没。但在对攻之中，朱元璋的舰队也有所损失，很多船只击中沉没，大将宋贵、陈兆先等后阵亡。徐达率领的战船也中弹着火，敌舰乘势攻打了过来，在这危急时刻，徐达临危不乱，一边指挥救火，一边和敌人激烈搏斗。朱元璋看到爱将受困，立刻派人前去救援。徐达与援军前后夹击，呼声震天，气势威震，吓得敌军只能逃跑。

这边，陈友谅的太尉张定边在激战中，发现了朱元璋的王船，便发了疯一般地跟了上去。朱元璋的战舰恰巧在此时搁浅岸边，进退不得，舰上的将士虽然奋力杀敌，但许多敌舰呈包围势蜂拥而至。紧急关头，将领韩成自请假扮成朱元璋的样子去欺骗敌军，引开包围。朱元璋起初怎么也不允许，韩成以死相求之下，只好脱去自己的袍服、冠冕，给韩成换上。韩成穿着朱元璋的衣服在船头出现，假装正在指挥作战，然后投水而死。陈友谅这方的将士一看，人心大快，只顾着欢呼，放松了攻势。常遇春抓紧时机，催舟赶到，发动一箭，将张定边击中。俞通海、廖永忠等也奋力赶来营救朱元璋，这堆船只带来的水波正好把朱元璋的座舰推离了浅滩起动。张定边负伤，一看援军来到，只得撤退，廖永忠紧追其后，大军万箭齐发，张定边身上中了很多箭，像个刺猬一样，仓皇而逃。常遇春赶来解救朱元璋时，不小心把自己的战舰给搁浅在浅流处，朱元璋脱险后掉头欲解常遇春的困境，却不想恰好遇见敌兵，苦战许久也没能救出常遇春。就在此时，恰好有败退的战舰从上游逃奔而来，将常遇春的战舰给撞出了浅滩。朱元璋和陈友谅的军队酣战了一整天，从破晓一直打到夜幕降临，才各自收兵。朱元璋清点部队，手下陈兆先等人战死，陈友谅这边，大将张定边身中百余矢，盔甲被血染得红艳艳的。这晚，朱元璋担心别人会趁机进攻后方的应天，命令徐达立即回守。

二十二日，战斗开始后的第三天。朱元璋亲自上阵，把军队分成左、中、右三队，大举进攻。陈友谅的战舰还是连成一片，船上旗帜摇曳，看起来就像山峦一样，十分威武。朱元璋的战队如同以卵击石一般，损失惨重。左翼军开始崩溃后退，朱元璋见状，下令斩杀了十个队长，但败退之势仍不能挽回。这时，郭兴献计说："将士们不是胆怯后退，双方舟舰的大小实在太过悬殊，现在是用火攻的时候了。"朱元璋听完后如醍醐灌顶，他让常遇春找来七艘小船，放满火药，用芦苇遮挡用以伪装掩饰，还扎了许多穿着甲胄、拿着兵器的稻草人。并挑选了一批勇猛果敢的兵士，驾驶着七艘草船，组成敢死队。夜幕降临，湖面刮

起了东风。草船顺应风势很快滑向敌舟，一靠近大船，敢死队员就一齐纵火，猛烈的大火一下子席卷了陈友谅的船舰。由于这些船只首尾连接，火势迅速蔓延开来，一时间，江面上变成了一片火海。朱元璋趁机大举进攻，陈友谅的水师节节败退、伤亡惨重。号称"五王"，只有一只眼的猛将陈友仁，是陈友谅的弟弟，也在这场战役中阵亡。陈友谅的另一个弟弟陈友贵，还有平章陈普略也都战死于此。

双方继续交战，二十三日这天，朱元璋的水师终于扭转了局势，但他所乘的大白船太过于醒目，陈友谅督师猛攻王船，朱元璋的局势又变得被动起来。后来，朱元璋就在夜里下令，把所有桅杆和舰身全涂成白色。待到第二天，陈友谅的军队就没办法辨别朱元璋的指挥舰是哪艘了。湖面上，红色的陈友谅水军，白色的朱元璋的水军扭打在一起。红白相间，令人眼花缭乱。俞通海、廖永忠、张兴祖、赵庸等人驾驶着六条白船杀进敌军，不一会就消失在红色的舰队之中。朱元璋以为，这一下是凶多吉少了。没想到不一会，六条白船就如同六条白龙，杀出敌阵，势不可挡，朱元璋的将士们深受鼓舞，勇气大增。就在此时，陈友谅大军炮火齐鸣，硝烟四起，湖面被炸得波涛耸立。刘基此时正在朱元璋身边侍奉，见到这个异常情况大叫："主公快走！"便拽着朱元璋换上了另一艘船，刚一登船，就听见耳边一阵大响。他们刚才的战船瞬间被炸成了碎片。陈友谅从远方瞭望到此情，以为朱元璋已然战死，哈哈大笑起来。但是朱元璋又出现在另一艘白船之上，镇定地继续指挥战斗，陈友谅见状面如纸灰，大吃一惊，仓皇逃走，丢弃的旌旗、器仗等漂流在水面上，占满了大半江面。俞通海等人得胜归来后，朱元璋高兴地鼓励他们说："今日大捷，全靠诸君之力。"

陈友谅见取胜无门，便打算转而退守鞋山（今鄱阳湖的大孤山），但此处已被朱元璋先行占领，其他通往长江的道路也被封锁，他只有敛舟守卫。朱元璋的军队虽然得胜，损失也不小，刘基建议此时应该稍作休整，等到金木相犯的吉日再一举歼灭敌军。这个建议被朱元璋采纳，但他提醒众将在退守时要万分谨慎。因为这里江面狭隘，双舟不能并行，敌人很有可能设下了埋伏，所以他们选择了在夜间撤退。每一艘舰船上安有一灯，首尾相接。等到天亮时分，所有舰队都安全地驶到了鄱阳外湖左蠡处。这时，陈友谅也挥军北上，将军队驻扎在与朱元璋隔岸相对的渚矶。

接下来的三天里，湖面平静得没有一丝波纹。第四天，陈友谅左右的金吾二将率师投奔朱元璋。陈友谅的势力大衰，朱元璋与刘基设计激发陈友谅的怒火。就修书一封，派人送给陈友谅，信中写道："我欲与公约纵以安天下。公失计，肆毒于我。我是以下池阳，克江州，奄有公龙兴十一郡。今犹不悔，复起兵端，一困于洪都，再败于康郎，杀其弟侄，残其兵将，损数万之命，无尺寸之功，此逆天理、背人心之所致也。公乘尾大不掉之舟，顿兵敝甲，与吾相持，逞其狂暴之性，正当亲决一战，何至徐徐随后，若听我指挥者，无乃非丈夫乎！公早决之。"

最后两句话像一把利剑，戳进了陈友谅的软肋，他怒火中烧、歇斯底里地撕碎来信，下令将俘获的朱元璋的将士们全部推出去杀头，并扣下使臣，并加强巡逻，斩杀逃跑的属下。

朱元璋看到情况正向自己计划的方向发展，当然不会错过这个时机。他让常遇春、廖永忠等率军队出湖口拦截陈友谅的退路。又派一支军队在岸上树立栅栏，不让陈友谅登陆。这样过了半个月之后，陈友谅

的大军没有粮食了。他让人乘五百多条船赶往湖东岸的都昌抢粮。当船只满载而归时，朱元璋又派人将这些粮草给截获烧毁。陈友谅走投无路，只有冒险突围。八月二十六日，他率领所剩的一百余艘舟舰向湖南边移动，想从那里突围，进入长江，退守武昌，但受到朱元璋水师的围追堵截。朱元璋亲自参与了督战，两军的舟船相携、顺流而下，进行激烈的战斗，战争一直从上午持续到下午。在泾江口处，陈友谅大军又遭到朱元璋伏兵的突袭。陈友谅冒险死战，这时的朱元璋坐在船上的床榻上指挥。忽然，雨点般的流箭射来，部下朱升疾拼命推开朱元璋。再一回头，胡床已被几根流矢射穿。这时，陈友谅从自己乘坐的舰船窗里伸出头，想看看是朱元璋是否中箭。没想到被郭英发现，立刻就是一箭射去，陈友谅躲闪不及，利箭贯穿了整个脑袋，他大呼一声，随即毙命。陈友谅死后，手下将士立刻没了斗志，他的太子善儿、平章姚天祥等人被擒获，五万多将士只有缴械投降。太尉张定边趁着夜色，将陈友谅的尸体和他的儿子陈理偷偷装上一条小船，逃回了武昌。朱元璋一方大战告捷。有人喜不自胜，建议趁此机会直捣陈友谅的老巢——武昌，朱元璋不答应，说："穷寇勿追。如果乘胜急追，他们必然殊死搏斗，我方损失必然惨重。"所以只派了一小队兵士追击张定边，自己则率大部队返回了应天。

这场为期四十多天的鄱阳湖水军大战，以朱元璋的胜利而告终，陈友谅以三倍于朱元璋的兵力参战，但最终还是死于战场。这场前后共计四个多月的战斗，可以说是元末农民起义的战争里最激烈、最悲壮、声势最大的战斗了。这一战奠定了朱元璋的霸业。分析这场战争，我们可以发现朱元璋有着极强的军事才能，对战争中出现的各种突发事件都是临危不乱、从容应对，尽显王者霸气。同时也可以看到朱元璋手下有不少能人异士，比如刘基，他对战局的进程判断得精准无比，对陈友谅、张士诚等人的个性也把握得十分透彻。倘若在朱、陈这场生死大战的途中，张士诚从背后补上一刀，攻打应天的话，中国的历史恐怕就有重大变动了。但一支小小的部队驻扎应天，就能使张士诚的几十万大军不来进犯，真是令人讶异。倘若陈友谅也有这样一批谋臣，能让他避开南昌攻坚战，直捣朱元璋的总部应天，那么天下究竟属于谁就真的很难预料了。所以朱元璋得胜之后，在兴奋之余，也有些胆战心惊。他后悔当初没能听取刘基的建议，几乎失去了这天下。他对刘基感慨道："不听先生之言，而有安丰之行。假如友谅趁我军之出，应天空虚，顺流而下，我进无所成，退无所归，大事去矣。友谅不攻应天而攻洪都，拙劣至此，不亡何待？"

这里讲得是陈友谅错失战机的重大错误。但是，单说鄱阳湖大战本身，陈友谅方面还是具有优势的。九月初六，朱元璋从湖口回到应天后，对将士论功行赏，对鄱阳湖战役进行了一番激烈的讨论，将领们出言说，陈友谅占据了鄱阳，处于上游位置，易守难攻，天时地利，请朱元璋发表高见，为何最后陈友谅还会失败。元璋回答："孟子说过，天时不如地利，地利不如人和。陈友谅虽然兵力强盛，但是军队上下互相猜疑，不能一心。而且屡战屡败，却不知休养生息，每天东征西讨，把军队拖得疲惫不堪，碌碌无为的将士们没有奋斗的士气，又失了军心。古人还说过，兵贵待时而动，动则威，威则胜。换言我方，则是以待时而动之师，与不振之敌相战，加上咱们将士一心，人人勇武，自然能够战胜陈友谅了。"朱元璋在这句话中，除了告诉大家人心向背的力

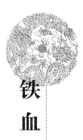

量，还透露了待时而战，战则必胜的不二法则，这也是屡战屡胜的行军诀窍。

再说张定边，逃脱了朱元璋的追击，拼死回到武昌后，他马上拥立陈友谅的儿子陈理登基，改元德寿，企图再战江山。经过二十多天的休整后，朱元璋不等陈汉政权稳定，就在九月十六日率军亲征，带领常遇春、康茂才、廖永忠、胡廷瑞等将领南下，水陆并进，讨伐武昌。十月初七，大军兵临武昌城下。令常遇春等人在四扇城门前安营扎寨，又在长江联舟，铸成铜墙铁壁，断绝武昌城粮食和人员的出入，只围城却不攻城。另外，朱元璋又派遣其他小分队，攻打汉阳、德安等州郡，如同拔去大树的根部一样，使湖北各路府纷纷归顺，只剩都城。

十二月初一这天，朱元璋离开武昌，率军回应天，临走前，任命常遇春为前敌总督。告诫他："现在张定边就像锁在圈里的一头牛犊，无处可去。他如果前来叫阵，绝对不要搭理他。你只要安守阵地，他总有一天要乖乖投降。"常遇春谨遵命令，只守不攻。张定边也咬定牙关，死守都城。至正二十四年二月十七日，朱元璋再度亲征武昌，下令大军攻城。张定边曾对赶来援助的驻岳州守将张必先抱有重望。张必先此人骁勇善战，外号"泼张"。现在已带领部队赶到距武昌二十里的洪山。朱元璋派常遇春前去，趁张必先还没站稳脚步，就发起奇袭，初战获捷。生擒了张必先，将他捆到城下，向张定边劝降。朱元璋又命陈友谅的旧臣罗复仁前往劝降说："朱元璋不攻城并不是因为兵力不足。在这里驻扎，是为了不使得生灵涂炭。"罗复仁慢慢走到城下，失声痛哭，小皇帝陈理把他召入城中，君臣抱头大哭。罗复仁转达了元璋的旨意，陈理、张定边被迫开城投降。朱元璋得意洋洋正准备受降，陈友谅麾下的一员猛将陈同金突然持枪闯入王帐，打算刺杀朱元璋，朱元璋大声喊道："郭四，为我杀了此贼。"话音刚落，郭四，即帐前亲军指挥郭英就向前一步，一枪将陈同金刺死。朱元璋不由赞叹："好郭四，真像当年唐王身边的尉迟敬德。"于是将自己的战袍脱下，给他这位忠心耿耿的小舅子披上。

二月十九日，陈理裸露着上身，口中含着圆璧，率领张定边等人到城门前投降。朱元璋的部队浩浩荡荡地走进了武昌城，附近的沔阳府、荆州、岳州等地听闻了这个消息之后，也纷纷投降。从此，朱元璋基本铲除吞并了陈友谅的残存势力。就设立湖广行中书省，以枢密院判杨璟为参政，留守一部分军队在武昌，又派遣徐达、常遇春等将领夺取湖广、江西诸多地区。

任何人的成功都不是天上掉下来的馅饼，它需要一点一滴的积累，更需要千磨万击的砥砺。朱元璋的创业之路较之常人更为崎岖和惊险，要面对的风险更大。然而疾风知劲草，越是充满风险的成功之路，越能体现出一个人的胆识。越能给这个人带来高额的回报，对于朱元璋来讲，无数次的征战沙场，无数次的劫后余生，无数次的历经风险，无数次的命悬一线……所有这一切的角逐，终于让他在时代的大潮中最终获得了成功，走上了一个时代的顶点。

其实，任何人的成功都不是偶然的，都要经历很多次痛苦的失败和艰辛的折磨，唐僧不是经历了九九八十一难才求得了真经么？所以，成功的概念并不局限于取得成果的那一刻，它还包括在追寻成功的过程中对于自我的磨砺，和在磨砺中自我逐渐提高的过程。如果缺少了这一过程，那么成功也就成了无缘之水，无本之木，失去了它的光彩。

铁血建功

朱元璋有话对你说

朱元璋为了成功，经历了刀光剑影，九死一生，在时代的大潮中奋勇搏击，最终取得了成功。

有一首歌唱到，"不经历风雨，怎么见彩虹，没有人能随随便便成功"。是的，想要成功，尤其是在如今这样百舸争流的时代，就要在时代的大潮中接受风雨的洗礼，在广阔的天地中一试身手，比出一个高下。

第三章

朱元璋对你说 策略

古往今来，由一介布衣成就功名的人不少，但是能够以正确的战略战术，步步高升，最后登上权力顶峰，取得帝位的人则少而又少。朱元璋就是名副其实的白手起家的运权高手。朱元璋在运用权力的时候，非常讲究策略和计谋。他以守为攻，刚柔相济，以缓应急，在夹缝中求得生存，在斗争中成长，在蓄势中取得成功。

善于判断隐藏危险

自古谋大事以人少为妙，说的就是如果人怀私心，不能团结一致，人越多越危险。只有能够处理好内部问题的人，才有资格充当团队的领袖，否则，把团队当成谋取私利的工具，这样的做法是毁灭性的。和敌人打交道固然不容易，但和那些勾心斗角的内部成员的较量，就更加凶险，而对于这些危险的判断，就成了发展自己，不断在斗争中成长的一种重要的能力。

前面已经讲过，在红巾军起义时，郭子兴、孙德崖、彭大、赵均用四人分合倾轧，矛盾复杂而激烈。而朱元璋在这明争暗斗的斗争中，善于发现隐藏危险，以致于在竞争中立于不败之地。

朱元璋的崛起，引起了彭大、赵均用的忌妒和不安，为了除掉将来的竞争对手，彭、赵二人想出了一条计策。

一日，泗州差官来到朱元璋军营传达命令道：奉郭元帅之命，朱镇抚请移兵盱眙。朱元璋十分吃惊地问道：郭元帅一直在濠州，怎么突然到了泗州。来使回答道：这是彭、赵二将军的建议。朱元璋又问：濠州何人把守？来使答道：孙公德崖留守濠州。朱元璋便明白了一切：彭大、赵均用二人窥视元帅位置已久，今见我略有所成，便挟持主帅到泗州，令我率军到盱眙，以便就近节制我部，待时机成熟将我与元帅一网打尽，我若依他，便是自投罗网。一想到此，便对来使果断地说："请你回去禀报彭、赵将军，朱元璋只听郭元帅之命，不会听从二位将军之命，愿二将军好自为之，不可逞强害人。"彭、赵二人听了回报，知道计谋被识破，十分气愤，但也无可奈何。不久，彭、赵二人争权内讧，互相厮杀，彭大中箭身亡，赵均用吞并彭大所部。

赵均用壮大后，更加专权狠戾，想谋害郭子兴。朱元璋先是劝告赵均用，又威胁暗示：如果郭子兴受害，强大的滁阳守军决不会坐视不理。同时他还以金钱买通了赵均用左右的人，从而使赵均用允许郭子兴带领自己的一万人离开盱泗与朱元璋会合。

朱元璋对上级不盲从，不轻信，遇事脑子多绕几个弯，识破了背后的阴谋，才使自己使以保全。有时，不能光靠智，还要靠勇，以勇气震慑对方，以勇武取得胜利，使暗算在阳光下一览无遗。

郭子兴是红巾军的统帅，又是朱元璋的老岳父（前文有所介绍），但到了后期，郭朱的矛盾也很多，原因是郭子兴怀疑朱元璋势大，而自己年已渐老，原来的亲信和子侄辈如张天佑、郭天叙等都不足以与朱抗衡。因此，郭主要想乘自己健在之时，牢牢地控制住主帅大权不旁落，对朱元璋的态度是：既要发挥其作用，又须限制其力量膨胀，所以与朱元璋发生摩擦与对立再所难免。

郭子兴甚至把朱元璋幕府的人都抽到主帅府。当时朱元璋以公论是下属，以私论是女婿，且实力又不强，没有意气用事。他的策略是愈加恭谨，以心换心，同时在战场上奋勇作战，以战绩巩固地位。

有人造谣说朱元璋作战不力，郭子兴十分相信。一日，造谣的人与朱元璋同时出城作战，前者出城不到十步，就因为被箭射中逃回来了，唯独朱元璋一人奋不顾身，直前搏击，打得敌军大败，而且回兵时，了无所伤，至此，郭子兴乃有所醒悟。

元至正十五年（1355年）三月，郭子兴病死。其子郭天叙忙派人报告朱元璋，朱元璋星夜赶到滁州，参与办理丧事。

朱元璋出家的皇觉寺

三军不可无帅。由于朱元璋此前显赫的战功，超人的智谋，众将士便纷纷推举他继为主帅。

身在濠州的孙德崖得知朱元璋接替郭子兴成为义军统帅，十分气愤，要除掉朱元璋。孙德崖的部将吴通就献计道：朱元璋占有滁州、和阳两座城池，气势旺盛，如果发兵进攻，实为不利。摆下鸿门宴，乘机除掉他。孙德崖连连称妙，便修书一封，派人送到和阳。朱元璋接到信后，明知是计，但仍决定前往。部将徐达告诫道：孙德崖桀骜无赖，恐有诈谋，元帅不宜前行。朱元璋说道：鸿门宴上刘邦也不曾被害，只要有适当的人护卫，就不用担心。部将吴桢愿随朱元璋前往。两人便带少许士卒去濠州赴宴。为防万一，朱元璋令徐达、胡大海率军驻屯濠州城外，以便随时接应。

在酒席上，孙德崖威逼朱元璋交出帅印，朱元璋针锋相对。孙便喊出埋伏的武士。吴桢抢先制住孙德崖，和朱元璋一起出了城。胡大海、徐达早在城外接应朱元璋回去。殿后的胡大海趁机杀了孙德崖，朱军进占了濠州。

善于判断隐藏的危险，是在乱世中处事的一种能力，即使是今天，同样是在竞争中能够处于优势之地、不败之地的重要的能力。

在混乱的局面中，像朱元璋一样一直谋求崛起的实力派人物，难免会遇到一些奸险小人的嫉恨。俗话说不怕贼偷，就怕贼惦记，在群雄纷争的情况下，被人"惦记"的几率就更大了，而这种情况下，想要保证自己的发展，首先就要保证自身的安全，这就要锻炼一种判断局势的能力，以便在危险丛生的境地中首先让自己处于安全的境地中，其次，才能够发展自己，争雄天下。

兵法上说：凡敌有谋，我从而攻之，使彼计衰而屈。朱元璋正是用了将计就计，反算对手的高招。他与孙德崖争夺帅位的斗争是迟早要来的，两人也只能留下一个。如果朱元璋不去赴宴，在心理上就先输一招，让义军们瞧不起，给孙德崖留下口实。所以，他冒险一去，而又精心准备，趁对手以为大功告成，防备松懈的时机，一举反击，以微小代价解决了争端。且对手无礼在先，他吞并在后，不致在义军中造成恶劣影响。但这需要多大的勇气和决心。成大功者在关键时刻是要敢于一赌的。

值得注意的是，朱元璋并不是毫无防备就去赴宴了。察觉到危险的存在之后，还盲目地将自己处于危险中，那是愚蠢的行为。之所以要有

发现危险的能力，就是为了能够预防危险情况的发生。朱元璋在考虑到危险的局势之后，做足了准备，使自己处险境却无险情，这才是善于判断危险的目的所在。

人的一生里算计谋略必不可少，成大事者，心里的算盘更是无时无刻不在拨弄。对于君子而言，不能想法设法去陷害他人，因为越陷害别人，越可能偷鸡不成蚀把米。君子需要做的就是防范周围的小人，只有这样，才能在纷扰的人心战役中屡战屡胜。被明处的敌人想法设法算计不算最可怕的；来自自己人的暗箭才是最难防范的武器。朱元璋初出茅庐时，也曾遭受过不少身边亲信之人的排挤、陷害。但他屡次靠着智慧而避免了内讧，反而以自己的毒辣把小人不露声色地扳倒，可见其过人之处。

在斗争中走向成熟

有斗争存在的地方，就会有强弱之别，在一个人掌控局势之前，面对斗争中的劣势，忍耐是一种明智的选择。斗争中的忍耐并非懦弱，而是于从容之中静观对方，等待时机。识时务者为俊杰，审时度势是我们生存生活的必修技能，在斗争中的时候就显得更为重要。

朱元璋在郭子兴手下经过一段时间的发展之后，终于有了自己的部队，在有了自己的部队之后，朱元璋率领自己创建的部队一路所向披靡，一举攻克了滁州城。至此，在拥有了一支官兵齐备、能征善战的部队的情况下，朱元璋又着手建立起了自己的根据地。这样一来，朱元璋的声威已为之大振，不论是在淮西红巾军所形成的军事、政治格局上，还是在部队的战斗力，智谋班子决策的方面，都是当以朱元璋所部为最佳，而这些因素都是其他红巾军所不及的，也许这就是朱元璋一代帝王之崛起的根本性物质基础。但是论所拥的城池，朱元璋独有这滁州城，而他却从不好高骛远，目前只想把这小小滁州城治理干净，而不是盲目地一味争城夺池，陷入权力争夺的圈子。

就在朱元璋的事业显出些许辉煌之际。他的大嫂带着侄子朱文正，二姐夫带着外甥李文忠先后向滁州赶来，投靠朱元璋。

朱元璋一看到这些亲戚，便想起了那死去的老父亲，还有大哥病死，二姐饿死等许多不堪回首的往事，也想起自己朝不保夕的悲苦童年。如今再看看出现在自己面前的这些亲属，看着侄甥崇尚自己的表情，朱元璋也不免有一番悲苦交加、一阵阵酸楚的说不出的感觉，悲喜杂糅之情难以释怀。转念一想，自己之所以有今天，不能忘记自己的恩人郭子兴对他的栽培。俗话讲"吃水不忘打井人"，朱元璋现在倒有些想念自己的岳父大人了。而此时的郭子兴早已经被赵均用他们从濠州挟持到新攻取的泗州城。

郭子兴凭着与彭大的关系在濠州城中暂时安然无恙，可是到了后来命运忽发转折，他再次陷了困境。

自从朱元璋外出发展部队后，彭大、赵均用、孙德崖等对手们也联兵攻下泗州和盱眙，并将郭子兴也一同挟持到了泗州城。事有不巧，在一次火拼中，彭大被流矢击中，流血过多，不治身亡，形势瞬间急转而下，由于红巾军内部对立，所以两派之中一旦有所变故，大局就会出现

失衡状态。虽然彭大的王位由他儿子彭早住接了过来，但孩子毕竟是孩子，乳臭未干，初出茅庐，在以赵均用为首的孙、俞、鲁、潘集团面前根本降不住他们，反而还被他们趁机控制住了自己，拢走了彭大生前拥有的大部分部队。赵均用和孙德崖为此自高自大，为所欲为，企图杀掉郭子兴，以报那一箭之仇。

赵均用、孙德崖等之所以一时不敢对郭子兴下手，原因很简单，就是因为朱元璋已攻下了滁州，手中有几万人马。他们不仅想除掉郭子兴，还想除掉朱元璋，曾派人请朱元璋驻守盱眙。朱元璋经过与他的决策层商量、分析后作出决策，既不出兵盱眙，也不发兵打泗州，以免中计，只派特使去见赵均用，劝他不要忘记因徐州兵败逃到境州时郭子兴对他和彭大的延纳之德，更不要听从小人谗言，自剪羽翼，失去豪杰之心，做大丈夫不为的事。并晓之以情，动之以理，陈说利害关系，称杀一个郭子兴容易，但郭子兴部属兵马尚众，一旦杀了郭子兴，你赵均用的日子也就甭想安安稳稳地过了。同时告诉赵均用，杀了郭子兴，他的部属自然不会善罢甘休，一场火拼也自然不可避免，红巾军派系尚多，难免不会有人坐山观虎斗，以收渔翁之利。

朱元璋这一番外交辞令是以几万兵马做后盾的，说得有理有力，使赵均用等人不得不三思而行。朱元璋担心此种"威逼"万一行不通那可就麻烦了，于是又加上了一个"利诱"，来个双管齐下，"双保险"。

朱元璋派出使者给赵均用的身边亲信们送去了金银珠宝，美女娇娃，施以重贿，让他们帮助说情。天下没有免费的午餐，吃人家嘴短，拿人家手短，这些赵均用身边的亲信们还真为朱元璋卖命，最终说动了赵均用放了郭子兴，让他带着自己的一万部众来到滁州。

郭子兴来到滁州城的时候，朱元璋就主动把自己的兵权全部交给了郭子兴，以示对他的尊重，并亲自为郭子兴举行盛大的阅兵式。郭子兴看到朱元璋训练的三万兵马，兵强马壮，真是感到由衷的欢喜。他觉得自己没有看错人，朱元璋不但取得了很好的发展，而且还长江后浪推前浪，青出于蓝而胜于蓝，并且没有嫌弃自己像丧家之犬似的失魂落魄。可转念一想，又悲上心头，他后悔当初没有听从朱元璋的话，才落得个虎落平阳被犬欺，龙游浅水遭虾戏的下场。

可以说，此时的朱元璋经过了这几年摸爬滚打已经积攒了许多的战斗经验，并且能够非常熟练地运用种种手段为自己前进的事业铺平道路。由于自己是郭子兴一手提拔起来的，红巾军内部所有人都知道这件事，而且说郭子兴是朱元璋的救命恩人，事实也是如此。"滴水之恩当涌泉相报"，是每个富有正义感的人都应该遵循的。为人做事讲究的是知恩图报，绝不能干出忘恩负义、过河拆桥的事让人耻笑。

现在郭子兴虽然经过朱元璋的种种外交努力，带兵来到滁州，实际上也是受到其他起义军将领的排挤，落魄逃命的必然结果，但朱元璋不管这些，他想的只是不能做出不仁不义之事。

朱元璋的势力发展速度的确是很迅速，不但有了自己的根据地，还掌握了一支人数远远多于郭子兴的军队，在这种情况下怎样对待郭子兴，就成了考验朱元璋为人处世的关键。所谓人活一张脸，树活一张皮，吃亏事小，失德事大，身后有多少双眼睛都在盯着自己，作为一名伟丈夫，他知道自己该做什么，不该做什么。

他首先带兵迎接郭子兴入城，使郭子兴惶惶不安的心情先放松下

来，然后又宣布把兵权全部交给郭子兴，并举行阅兵式，这就等于进一步地安慰了郭子兴，体现了做人之德，为人之善。

当然，任何事情都可以从不同的角度来分析，从某种角度上来讲，有理由相信朱元璋之所以这样做是另有目的的，是有深层考虑的。譬如他的出道比较晚，自己的亲信也没有完全培植起来，身边掌大权者多是郭子兴的旧属下，如果在这个时候兵变夺权那绝对是不明智的。

按照这种说法去推论的话，朱元璋应该说是一个非常精明的人，审时度势的同时不忘人情。面对着种种巨大的诱惑，他并没有忘记隐藏在背后的巨大的危机，尽管这种危机只是有着存在的可能，郭子兴进城的这件事就有可能成为引发这种危机的导火索。由于朱元璋带兵出来自己发展的时候，大部分的人都是从郭子兴的手下带出来的，因此，如果从派系来考虑，这些人并不能完全属于朱元璋的部下，他们的心或多或少地仍然忠于郭子兴。然而，这个时候郭子兴的到来，郭子兴是旧主，朱元璋是新主，一山不能容二虎，到底该听谁的。郭子兴为人小气，绝对不肯居于人下，尤其是委身于自己一手带大的晚辈之下。二人当中势必得有一个人要做出让步，与其这样尴尬无奈地耗着，还不如来个干脆了断，直接把兵权交给郭子兴。一则可以报郭子兴的知遇之恩，二来也可以保证军令、政令的统一，还能使郭子兴的内心得到极大满足和欣慰。

以上这种理解也许有其道理，但如果所有的事全从权谋势忍的角度去想的话，那么天下之人岂不是都没有真诚可言了吗？况且朱元璋也没有必要非这么做，把郭子兴接进城后，再杀之，那岂不是多此一举？他要真想杀害郭子兴何必费尽心力地去救他，只需做做样子，搞些计谋，假借赵均用之手杀了郭子兴就是了。

郭子兴的想法可就不这么单纯了。姑且不去考虑朱元璋有没有其他的野心，郭子兴对他却还是产生了猜疑和防范。由于朱元璋屡战屡胜，在军队之中树立了很高的威信，功劳甚至超过了自己，相比之下，郭子兴的光芒就不那么夺目了，他十分在意自己在朱元璋心目中的形象。两相比较之下，他经常大怒，一边责备着自己手下将领作战无方，一边对朱元璋心生妒意。而他的手下将领挨骂之后，面对战功累累的朱元璋自然更加记恨。这些矛盾使滁州红巾军内部暗潮汹涌。

朱元璋始终坚守自己的原则，作战时，总是奋勇争先，身先士卒。军中有所获，自己一无所取，不肯像其他将领那样给郭子兴带来金银财宝，这一点又让心胸狭窄的郭子兴很不高兴。

马氏知道内情后，看出了郭子兴的心思，便设法将军中所获亦全部献与郭子兴的次夫人张氏，同时马氏自己还更加和顺地伺候张夫人，张氏甚喜，给郭子兴吹了吹枕边风，说了许多好话，郭子兴这才消除了对朱元璋的疑虑。

这一阶段是参加义军以来朱元璋最为委屈的时候，既要打仗，又要受审查；既立战功，又不落好，反而受诬陷，面对着自己的岳父，朱元璋实在很难做人。此时元军加强了攻势，一方面是战场上的形势逼人，另一方面却还要受着郭子兴的猜忌。此时的朱元璋就像一个高明的走钢索的人，极力平衡着两方面的关系，忠诚守信，并无怨言，显示了自己良好的操行。也幸亏了朱元璋这样做，才使得郭子兴所统率的这一支红巾军队伍始终保持着大体上团结的局面，在战场上连连克敌，未打败仗，朱元璋识大体、顾大局的品德由此可见一斑。

假如你想在事业上有所建树，大展宏图，就一定要记住，但凡时机

不成熟时，就不要露出锋芒。

　　我们知道，能成大事者若不能隐忍，风头太盛，就会得罪身边的小人，或者被其他人当做自己成功路上的绊脚石，去不遗余力地和你较劲、搞破坏；锋芒太盛，还会惹一些心胸狭窄之人的嫉妒，这也会成为自己成功路上的拦路虎。如果四周都是把自己当作敌人的竞争者，那么，自己也就没有办法在这种境遇中立足了，更何况是实现人生的突破呢？所以，面对竞争激烈的环境，更要学会忍耐，这也是成功的必经之路。

　　现实生活里面，我们既要有登高而望的雄心壮志，又要有随遇而安的平稳心态。在激烈的竞争之中，忍一时风平浪静，退一步海阔天空，只有这样我们才能看到人生路上更美丽的风景。

　　但是，这么说并不是让人步步退缩、不去争取，人生在世，不可以有傲气，但必须拥有铮铮傲骨。不能向困境低头，也同样不能目无尊长、藐视一切。在社会中摸爬滚打了一阵的人都知道，成熟稳重、主次分明是必不可少的特性。只有学会忍耐、拥有一颗宽大的胸襟，才能最终获得成功。

建立自己的团队

　　团队的概念自其提出到现今也不过一二十年的时间，然而在这短短的时间内，团队成为了一种重要的发展形势。现今的社会，一个人单打独斗很难取得较大的成功，因此在我们的竞争中，就需要建立自己的团队，依靠团队的力量，在斗争中称雄。

朱元璋深知要想长期发展就必须建立一个属于自己的部队。元公元1353年，朱元璋还依靠在郭子兴手下的时候，有一段时间，元朝对于日渐强大的起义军感到威胁之后，派出大军对起义军进行清剿，元将贾鲁大军围困了濠州城。幸运的是围困濠州元将贾鲁病故，元兵撤围，起义军获得了一次喘息的机会。然而起义军并未借此机会发展自己，相反几个领导去开始了称王的"竞争"。彭大自称鲁淮王，赵均用自称永义王。郭子兴、孙德崖等5人仍然称节制元帅。朱元璋也依旧做郭子兴的亲兵队长。

这日，朱元璋在幕府阅读杜遵道、刘福通红巾军送来的文告，看到张士诚攻占了泰州、高邮，自称诚王的消息，心中十分感慨，嗟叹郭元帅，占据濠州一年来，头领不和，竟不能扩展地盘，走出濠州城一步。

朱元璋正暗自嗟叹，忽然有人报告："汤将军汤和到。"

汤和比朱元璋小3岁，是儿时在一起放牛的伙伴，又是写信给朱元璋加入红巾军的引荐人。其人身高7尺，倜傥而多谋，如今已经升为郭子兴部下的将军了。尽管职位比朱元璋高，但是他对放牛时的朱元璋"皇帝"仍然毕恭毕敬，格外尊重。朱元璋也与汤和保持友善，两个人经常在一起说些心里话。

朱元璋听说汤和来访，急忙迎入，落座看茶。朱元璋说："又有一个张士诚称王了。"说着把刘福通送来的文告消息递给汤和看。

汤和看了文告，又瞧瞧左右没人，便凑到朱元璋跟前，小声说："你我从小在一起，知你并非久居人下之辈。如今不离郭大帅左右，能

有多大出息？"

朱元璋闻言，大吃一惊，说："汤和，你这话是什么意思？"

汤和说："依小弟愚见，濠州城里的几个头领，都不是能成大器的人，不如自己拉起队伍打天下。"

朱元璋说："我也有这个想法，要想成大事，只恨没有死党，一人孤掌难鸣。"

汤和说："这好办，你奏请郭元帅，回老家去招兵，就说扩充队伍，把小时候你封的那些文官武将都召来，大伙儿肯定像过去一样，听你发号施令，说不定将来你当上真皇帝，我们真的都成了文臣武将呢！"

朱元璋闻言大喜，第二天便奏请郭子兴，自回钟离乡，竖起了红巾军的招兵大旗。

在痛苦中煎熬的乡亲们，听说当年的朱重八，如今成了红巾军的头目，还有了官名，叫朱元璋。纷纷前来登记报名，少年时的伙伴们，如今都是二十几岁的大小伙子了，他们向朱元璋打听外面世界的情况，报名参军，十分踊跃。徐达、周德兴、郭兴、郭英、张龙、张温、张兴、顾时、陈德、王志、唐胜宗、吴良、吴桢、费聚、唐铎、陆仲亨、郑遇春、曹震、张翼、丁德兴、孙兴祖、陈桓、孙恪、谢成、李新、何福、邵荣、耿君用、耿炳文父子、李梦庚、郁新、郭景祥、胡泉、詹永亨等人不仅自己投效朱元璋，还四处宣传，召集亲朋好友都来效力。就这样，不到10天，朱元璋便招募了近700名淮西子弟兵。这些人与朱元璋是乡亲，论起来都有千丝万缕的关系，他们与朱元璋结成死党，冲锋陷阵、出生入死，立下了汗马功劳。后来朱元璋做了皇帝，这些人大多数都成了开国功臣，在朝中地位显赫。

朱元璋带着700子弟兵回到濠州。这700人是朱元璋真正的嫡系，一切唯他马首是瞻。他将这700人献给郭子兴，郭子兴又都交给朱元璋率领。他优中选优，从中挑选了24人——这24人即后来人称的"二十四将"，个个立下过汗马功劳，成为大明王朝的开国元勋。

然后，他带这24人南下定远——包括后来他的心腹大将徐达、汤和、费聚等人。郭子兴见他只带了这么少的人，也没放在心上。他做梦也没想到，自己的女婿就要振翅单飞了，这话说着轻松，想来却无比凶险。迈出这一步，他将带着这24个人孤军奋战，或兵败身死，徒留千古骂名，或开创霸业，成就一代英雄。但朱元璋宏图大略，如箭在弦，就靠着这24人，和700个子弟兵，招纳了张家堡驴牌寨的义旅3000人，又打败一支元军，收编了横涧山的2万人，几番辛苦，终于有了自己的一批人马。争霸天下之路，由此展开。而对手，则是强大的元朝。

有志者，事竟成，百二秦关终属楚，这个道理，白手起家的朱元璋深得其中的奥妙。

他拥有了自己的队伍，然后把目光投向了滁州，"钦定"它为自己的根据地。

滁州，宋欧阳修曾有过"环滁皆山也"的议论，地势险要，本是易守难攻。但是滁州的守军却在朱元璋精锐之师的冲击下大败亏输，四散溃逃。朱元璋修城固守，自己的地盘就算有了。

草莽英雄大概都有一个套路，就是天下大乱之际，被逼无奈，蜂起而抢地盘，首要任务是活命，然后才是图富贵。朱元璋是一个标准的草莽英雄，他此前所做的一切，也不过就是为活一条命，到有了滁州做根

铁血建功

朱元璋有话对你说

据地，有了精兵强将，谋士如云，活命不再是问题，小小的濠州和滁州也不再放在眼里，他的目标是天下。

总有人说读书无用，但是关键时刻，读书人却是能够起大作用的。当朱元璋身边来了几个读书人之后，他的胸襟变得更加开阔。

第一拨来到朱元璋身边的读书人，就是冯国用、冯国胜（后改名为冯胜）两兄弟。当时朱元璋刚刚打下定远，这兄弟俩就来投奔，因为他们是读书人，得到了朱元璋的特别敬重。这两个人确实很有学问，他们对朱元璋说了六个字："有德昌，有势强。"意思就是说："有势力可以强大到让人人害怕，但必须要有德行，才能使事业倍加兴盛。"

他们的具体建议是："如今天下鼎沸、群雄并起，唯有建康（今江苏南京）虎踞龙盘，帝王之都，拔之以为根本，成有势之强；然后命将出师，倡仁义，收人心，不贪子女玉帛，则为有德之昌，而后天下可定。"其实千言万语一句话：打到南京去。朱元璋很高兴，任命他们为军中参谋。

这年七月，朱元璋队伍里又来了个更厉害的读书人，那就是定远儒士李善长。这个李善长，"少读书，有智计，习法家言，策事多中"，号称"里中长者"。

初一见面，朱元璋照例问："老先生有何指教？"

李善长比冯氏二兄弟还厉害，直接建议朱元璋效法汉高祖："秦乱，汉高祖起布衣，豁达大度，知人善任，不嗜杀人，五载成帝业。今元纲既紊，天下土崩瓦解。公濠产，距沛不远，山川王气，公当受之，法其所为，天下不足定也。"

意思就是不要抱着金瓦罐要饭吃，目光短浅不足成大事。你看人家刘邦，出身布衣，不也称霸天下？你比他一点不次，山川王气，你理当接受。这天下，是你朱元璋的啊。

朱元璋更高兴了，任命李善长为秘书官。从此目标更明确：学习汉高祖，打天下，做皇帝！

1355年，朱元璋打下了太平城，城里的大儒陶安等率父老出迎，他又给朱元璋烧了一把火："如今海内沸腾，豪杰蜂拥而起，但很多人只知道杀人如麻，抢钱抢东西，跟恶霸地主没什么区别，脑瓜子里没有想着拨乱反正，救民安天下。只要你坚持不乱杀人，讨伐腐败政权，就一定能够得民心，得天下。"

朱元璋连连点头，然后问："我想打下金陵，怎么样？"

陶安首肯："金陵古帝王都，取而有之，抚形胜以临四方，何向不克？"朱元璋的心里更有底了。

读书人替他确定方向，帮他认清局势，做好计划，剩下的，就是由他来实施了。

说实话，读书人起的作用虽然大，也得要朱元璋的配合。朱元璋年少即遍历困苦，人间惨剧见了无数，对老百姓挣扎求存的悲惨境遇感同身受，所以才会在有了权力和实力的时候，生出济世安民之心，否则儒生说得再好听，他听不进去，也只能徒叹奈何。且他还有一个汉高祖的光辉榜样在历史深处闪闪发光，再加上忠勇之士和饱读儒生的辅佐，诱使他踏过一条荆棘之路，向着帝王宝座进发。

一个人要发展，首先要将自己的能力提升，在自己有了一定实力的时候，组建自己的团队就显得分外重要。朱元璋就是有了自己的团队，所以才有了争夺天下的实力，在我们现代社会，就是竞争的实力。

第三章 朱元璋对你说策略

要打天下，读书人很重要。读书人可以为自己确定纲领、建立目标、看清形势、预测未来。但是，读书人再重要，也得要当事人配合。如果朱元璋不纳贤言，没有志向，再多的读书人也白搭。而且如果真如此，估计也不会没有那么多读书人对他趋之若鹜。

朱元璋起兵之初，是投奔了当时的义军首领郭子兴，当了一个小兵，而不是像其他多数起义出身的人一样，一开始就是领导。朱元璋是在经过多年的锻炼之后，才拥有了自己的部队，从这一点来说，朱元璋一开始在人才资源上，并不是很"富裕"。

但是朱元璋很注重给自己积攒本钱。他的本钱也正是打天下所必须的人才。虽然自己的文化不高，但用读书人的脑袋为自己的智囊，这就好比站在了巨人的肩膀上，效果就大不一样了。时至今日，朱元璋也可以自豪地向世人宣称："我有了自己的团队了。"

打仗亲兄弟，上阵父子兵。无论做什么事情，没有自己的嫡系都是不行的。纵观成大事者，无论做什么，都把人放在第一位。身边有了可靠的助手，才谈得上做大做强。朱元璋对此体会很深，所以，一旦有机会，他就组织自己的班底，扩充自己的实力。

这个团队是第一支朱元璋自己的队伍，朱元璋也正是靠着这支基本队伍发迹了。他依靠这支基本队伍打天下，不断发展壮大自己的势力。在一开始的时候，朱元璋只是一个孤家寡人，即使身边有一些意气相投的朋友，那也是本人团队中的一员，他们创造的价值，都是属于郭子兴的价值，到了朱元璋初步创建好自己的团队之后，情况就不同了，从这时候起，朱元璋及其团队所创造的价值，已经全部归属朱元璋了，这就是创造自己团队的价值的所在。

我们现代人的发展也要注意团队的组建，正所谓孤木不成林，只有有了自己的团队，才能够在竞争的大潮中站得一席之地，让我们更接近成功，并最终有实力走向成功。

妥善协调各方利益

在一个团队中，如果存在不同的利益团体，那么想要保证这个团队的发展的一致性，就需要一点平衡之术，即要懂得协调各方利益关系。在团队内部发生利益斗争的时候，只有让团队中各部分的利益达到平衡，才能使得团队向着一致的方向前进。

朱元璋刚投身郭子兴的时候，郭子兴一开始给了他一个九夫长的小头衔。这时的朱元璋，虽然只是个九夫长，但他的潜力确实不可限量的。成功之路是一步步走出来的，有时候打仗就像打游戏，升级要一步一步来。

朱元璋官职虽然很低，但威信却相当高。这里要说说朱元璋的引路人汤和了。

汤和不仅帮朱元璋引路，还替他铺路。在这里，不得不对汤和的眼光表示佩服。在军队里大家可以看到一个奇特的现象，千户长汤和对九夫长朱元璋毕恭毕敬，总是唯朱元璋马首是瞻，而且丝毫不在乎别人的眼光。这是什么道理，上司围着下属转。

朱元璋好像也没什么不舒适的感觉，仿佛认为这一切是理所当然

的。汤和太聪明了，他不仅明白朱元璋很受郭子兴的器重，而且看出了朱元璋是条蛟龙，更难得的是他摸准了朱元璋的性格：要么不做，做就做绝。这种人是得罪不得的。

汤和所以比别人更了解朱元璋，一方面是因为他聪明，另一方面也是因为从小和朱元璋一起放牛。汤和对朱元璋这样其实也不奇怪，朱元璋职位虽低，但跟老板郭子兴的关系好，而且很有能力。有这两点就足够说明问题，汤和能够看出问题所在，确实是个非同一般的人，难怪后来朱元璋大开杀戒，功臣中只有他一人幸存。这一切都是有原因的。

虽然只是个九夫长，在当时的情况下，朱元璋有太多升迁的机会。

郭子兴对朱元璋这么好，确实是因为他看出了朱元璋的能力，这时候，郭子兴特别需要人帮助。

前面已经讲过，当时的起义军里各种各样的人都有，起义的领袖们大都是草头王，互相之间并不服气，也不容易合作。

在濠州城，郭子兴被孤立了。这一点也不奇怪，因为濠州城一共有五个大帅。这五个大帅分成两派，郭子兴是一派，其他四个人是一派——看到这个对比我们就知道郭子兴为什么重用朱元璋了。

郭子兴比其他四个草头王优秀，这四个人都是农民出身，没文化。郭子兴是地主出身，见识跟他们不是在一个层次上，开会的时候郭子兴发言，他们集体抵制。

比如，起义不是要征粮吗？四个农民出身的大帅坚持要地主多出些粮食，这个是可以理解的，因为老百姓本来温饱就成问题，还让他们交粮这不是强人所难吗？但郭子兴不这么看，他认为地主应该少出些，一个县就那么几十个地主，给他们分派多了，他们也吃不消，慢慢还会逃走。老百姓虽然穷，但是人数多，一家多出一点，就是一笔大数目。

谈不拢只能彼此嫌恶，郭子兴感觉很委屈，感觉自己是虎落平阳被犬欺，感觉跟这些人没法交流。

私下里，郭子兴破口大骂："一群没文化的粗人，这种人当上元帅实在是红巾军的耻辱……"

因为这些事，郭子兴的脾气很不好，喜怒无常，动不动就发脾气。朱元璋只好从中调和。

前面说过那时几个领头起义军，你争我斗，矛盾重重，但郭子兴是他们的首要敌人。除掉郭子兴，再斗不迟。如果把濠州城比作一座山的话，一山难容二虎，何况是五头老虎。

其实，孙德崖等四个元帅，也不是什么坏人，都是草莽英雄，性情豪爽，只是非常看不惯郭子兴这种地主出身的人。他们很清楚郭子兴瞧不起自己，所以联手整治郭子兴。起义军的大事基本上是这四个人说了算，郭子兴除了闹情绪之外，基本上没有多大的作用。

五个领导人平起平坐，局面可以想象。郭子兴和其他四头老虎的关系很僵，朱元璋就充当了中间调和的角色，这为朱元璋通往帝王的殿堂又上了一课，当领导必学的一门课程是协调各路关系。朱元璋是幸运的，因为他总不乏学习的机会。

这五个人占据濠州城后，事业没有半点进展，五个大帅只做两件事，第一件是批斗郭子兴，第二件是向濠州城的人民收保护费。碰上这样一支军队，老百姓真希望元军早点剿灭，因为他们不但不为老百姓谋福利，还随时可能爆发内战，祸害百姓。

碰上这五个领导，朱元璋也非常头疼，虽然他是郭子兴的下属，但

第三章
朱元璋对你说策略

其他人也不敢得罪。五头老虎的关系越来越僵，双方都害怕被吞并。

矛盾终于爆发，导火索是彭大和赵均用。

彭大和赵均用是芝麻李的两个得力小弟，芝麻李原名李二，江苏邳县人，饥荒时，他家中有一仓芝麻，拿出来全部分给灾民，芝麻李的外号就是这么来的。刘福通起义后，芝麻李积极响应，带领彭大、赵均用等八个小弟歃血为盟，举事起义。

芝麻李振臂一呼，沿途农民纷纷加入义军，打下徐州后，芝麻李坐拥十万人马，也算是个乱世中的豪杰吧！芝麻李这个人可能不够低调，他的名声很快就传出去了，后来，引起了宰相脱脱（亦作托克托，蒙古人）的注意，脱脱率领几十万大军围攻徐州。

猛攻了几天，徐州城还是坚不可摧。脱脱便想出一计，用巨石当大炮，对着城楼狂轰，几天下来，城楼终于倒塌。元军进城后，进行了屠城，一个不留。芝麻李在奋战中阵亡，彭大和赵均用率领残兵败将逃了出来。

他们一路逃到濠州，这两个败军之将到了濠州后居然反客为主，濠州的五头老虎反而甘愿听从他们指挥。这是什么道理呢？因为彭大和赵均用是见过世面的，跟宰相脱脱的大军交过手，虽败犹荣，而且这两人资历老，比五头老虎先走上这条道。所以呢，大家也就心服口服。

彭大跟郭子兴的关系比较好，孙德崖等人担心将来吃亏，便拉拢赵均用，这时形成了两派。一派的代表人物是彭大和郭子兴，另一派代表人物是赵均用和其他四个大帅。阵营清晰以后，接下来事情就是大家都熟悉的斗争，他们没有斗出新意。这也难怪，这两人没来之前，郭子兴处于弱势，现在彭大来了，势力发生改变，芝麻李死后，彭大就是赵均用的老大了。这下，两派之间势均力敌。

有彭大罩着，郭子兴很是高兴，认为现在没人敢动自己。

光天化日之下，郭子兴大摇大摆地逛街，不料几个人从胡同里冲出来，当头一棒将他打昏，然后把他装进袋子里。

郭家人听到这个消息，急得六神无主，嚷着要派兵去救人。朱元璋赶回来，一边安抚他们一边思考如何营救大元帅。

"总之，千万不能带兵去，那样后果不堪设想！"朱元璋强调说，"让我带几个兄弟过去要人吧！"

朱元璋就带了几个兄弟，不带任何敌意，只是希望孙德崖交出人来。

孙德崖故作惊讶："哎呀，谁这么大胆子敢找郭大帅的麻烦，贤侄，你不用担心，我立刻派人去找大帅。"

孙德崖毕竟没有经过专业训练，表演起来做作不堪，朱元璋一眼就识破其伎俩。他知道找孙德崖是没用的，便回去找彭大。

彭大是老大，带着一帮人马过来。孙德崖看到威风凛凛的彭大，顿时骨头软了。只好老老实实地承认错误，不该用这种方式请郭大帅，然后乖乖放人。

郭子兴此时正在一个阴暗的地窖里，浑身被打得皮开肉绽，两只眼睛浮肿不堪。朱元璋把他从地窖里抱出来后，他已经是半个死人了。

赵均用看到大哥出马，也不好说什么，一个忍字诀，大事化小，小事化了。

郭子兴从此和孙德崖结下不共戴天之仇。

这事情让朱元璋明白，这些人成不了大事，跟着他们不会有前途。

铁血建功

朱元璋有话对你说

朱元璋就是这么一个人，从别人的错误中不断吸收经验。成功者如果光从自己的错误中吸收经验，那等到他成功可能已经焦头烂额了，所有的成功者不仅善于学习别人的长处，更善于总结别人失败的经验。

协调各方利益，是一种平衡之术。在不断的斗争中，无论是内部的明争暗斗，还是对外的利益之争，都需要运用这种方法。

在集团的内部，会涉及到内部所有人，相关的利益分配、权力控制等等各方面的问题。这些问题处理不好，直接带来的就是集团内部不稳定，甚至是利益纷争，这就会使得团队竞争力下降，甚至被外部势力趁虚而入，从而导致在竞争中失败。在一个团体的外部，各个相互竞争的团体，也涉及到各自利益的相关问题。在竞争中如何让和自己相关的利益最大化而不引起其他集团的不满，或者，如何联合一部分利益相关的竞争者共同瓜分另一部分竞争者的利益，这些，都要用到利益的平衡之术。

朱元璋是一个善于学习的人。他在这种明争暗斗的环境中慢慢发展起来，不仅如此，他还在这种环境中学会了受用一生的能力，那就是协调各方面的利益关系。这在后来朱元璋有效地在群雄并起中争雄于世，直到后来登上九五之尊后统领天下，都有很大的作用，因为他懂得找到各方利益的平衡点，能够有效地协调各方的利益关系，使得无论是打天下联合友军，还是治天下利用人才，全部都得心应手，游刃有余。

现代人的发展中，竞争已经成为不可避免的话题，在竞争中，如何协调自己的内部利益和竞争者之间的最优利益，都是我们要关注和学习的问题。首先，如果是个人，就要考虑在最有效的途径中最大化自己的发展，比如在自己最具有竞争力的方面，投入自己多一点的精力。如果是团队，就要平衡各组成部分之间的关系，使自己团队的竞争力达到最高，从而在竞争中处于有利地位。而对于众多的竞争者，我们就要考虑，如何协调利益的关系，尽量达到双赢的局面。在不可让步的方面，则要考虑如何利用自己的优势，如何平衡外部竞争者的利益关系，以期达到自己的最佳竞争地位。

敢于和敌人联合起来

面对共同的敌人，仇人也应联合起来。做大事必须识大体。斤斤计较个人的荣辱得失，最后只能落得身死敌手的下场。朱元璋比郭子兴高明的地方就在于气量大，见识远。为了成功，仇人也要帮，当然仇人也一定会帮助自己。

至正十四年（1354年）十一月，元朝丞相脱脱率百万大军，连同西番、西域的军队，旌旗遍野，浩浩荡荡，进攻高邮的张士诚，把高邮围得水泄不通。从此拉开了元末农民战争史上重要的一幕。

张士诚原名九四，淮南泰州白驹场人。泰州濒临东海，居民多靠晒盐为生。张士诚和兄弟士义、士德、士信都是盐贩子，驾船贩卖私盐。张士诚力大过人，仗义疏财，喜结宾客，很有人缘。盐贩们便推他为头目。当时盐为官营，贩卖私盐是违法的事，经常遭到官军的追捕。为了自保避祸，盐贩们便组织起来，成帮结队地贩运私盐。张士诚除了担心被官府捕抓外，还受当地富豪的压迫。那些富豪抓住他们贩卖私盐的把

柄，恶意欺诈，经常买盐不付钱，还三天两头拦截他们的盐船。张士诚咽不下这口气，趁着各地红巾军起义，纠集了李伯昇、潘原明、吕珍等18人，杀了当地那帮富豪，放火烧了他们的房子，造起反来。当地盐丁苦于官役过重，都聚集在张士诚的麾下。张士诚率众进攻周围的盐场。在丁溪，遭到当地地主武装"义兵"的阻击，张士义阵亡。张士诚奋起击溃"义兵"，乘胜攻占了泰州。虽然他们不属于红巾军体系，却是一股势力可观的反元武装。

泰州一带是元廷盐税的重要来源，张士诚在泰州造反，影响了元廷的盐税收入。元廷急令淮南江北行省出兵镇压，但遭到失败。之后，又改变手法，派人前去劝降。张士诚一度答应，接受了元廷授予他的万户头衔，但不久反悔，又扯起反元旗号，攻占了高邮。

至正十四年正月，张士诚在高邮称王，国号大周。这年六月，又占领了江北重镇扬州，切断了大运河的漕运。元廷在江南征收的税粮主要通过大运河和海道往大都等地调发。运河漕运一断，大都随时面临着粮荒的威胁。元帝见状，只好派脱脱领重兵出征高邮，想一举扫平张士诚。

虽说红巾军的起义曾给元朝政府统治以沉重的打击，但元朝的实力尚强，必然在作出相应调整后，发动猛烈反扑。脱脱把高邮围住，日夜不停地攻打，同时分兵围攻六合。

由于六合遭敌重重围困，赵均用、孙德崖力不资敌，无奈之中只好求援于郭子兴。他们派出与朱元璋相熟的使者先来打通朱元璋。朱元璋认为从大局上来着眼应当予以支援，但郭子兴为人气度狭小，因受过赵均用、孙德崖等人的欺侮，一听便予以拒绝，拒不同情使者的哀求。

明朝古城楼

朱元璋此时又以共同利益为由，向他阐明六合与滁州唇齿相依的利害关系，说明六合失守后，滁州也会随之陷入元军重围，形势恐难预料。从保卫滁州的角度上来看，主公理应派兵出击。就这样，朱元璋据理力争，好说歹说地才算使郭子兴从心理上转过了这个"弯"。

在增援六合的战斗中，耿再成固守瓦梁垒。元军急攻瓦梁垒前后不下四五次，每次都是在阵地快要被攻陷的时候，忽又撤退，这样便使义军有了一个喘息和修复被破坏的工事的机会。

耿再成推究元军之所以这样，看来是他们不了解义军内部的虚实，怕中了义军的埋伏。朱元璋看到元军的这种表现后，立即转换策略，决定自行退出瓦梁垒，在撤兵前，成功地导演了一幕空城计。由于寡不敌众，他以智取代替硬拼固守，先是以妇女、牛群扰乱元军视线，使元朝军队穷于应付。乘元军更加疑惧不前，按兵不动之际，便从容不迫地撤军回滁州。而后让妇女和牛群向滁州撤退，辎重妇女在前，留精兵断后，以防备元军的追击。

当义军撤退至滁阳外围时，元军才意识到上了老谋深算的朱元璋的大当，遂于十一月初发兵攻打滁州。这边由部将耿再成率兵迎击，而后佯败而退，将元军引入义军伏击圈，滁州红巾军随即四面出击。元军这才知道又中了朱元璋的埋伏。由于元兵遭受伏击，猝不及防，损失惨重。朱元璋终于达到了增援六合义军的目的。这一仗打出了威风，使得郭子兴脸上增光，扬眉吐气，在心理上感到荣耀了不少。

随后，为了阻止强大的元兵反攻报复，朱元璋又一反常态与元将议和。他以郭子兴的名义退还所获的元兵战马，并准备牛酒以犒劳元兵。并解释道：滁州城居守的都是些良民，良民结聚为兵，完全是为着自保自卫，前听说元兵要攻取滁州，大杀无辜，故冒死反抗，实出于不得已。今元兵的大敌在高邮（指张士诚），将军并不力攻高邮，反来屠杀良民，这样做合适吗？朱元璋一打一拉的战术，在解自身之围和救燃眉之急上是十分成功的。元将听了朱元璋的一席话后，感到很有道理，随即宣布撤军。

滁州根据地得到巩固后，接下来是向外扩展，拿下退可守、进可攻的江北重镇和州。在这次战斗中，朱元璋仍以智取为上，并担当了这次军事行动的总指挥。

从以上的情况来看，朱元璋在军事智慧上颇有像后周时期担任禁军主帅的宋太祖赵匡胤，行军打仗善于智取，不主张硬拼。虽然有一段时间郭子兴因过去一些旧部将的挑拨对朱元璋有一些看法和怀疑，但从总体上来说对他的品德、才能还是十分欣赏的。所以在拿下和州之后，朱元璋被郭子兴任命为和州总兵，对和州的所有兵马具有统率之权。

大敌当前，是不计前嫌共同对敌呢，还是念念不忘个人恩怨而坐视不理？在此节骨眼上，朱元璋与郭子兴展开了寸步不让的说理斗争，最后由于朱元璋这边是理之所在，郭子兴自知理亏，才终于被说服，成全了两股义军共同对敌以夺取胜利的大事。朱元璋当机立断，毅然自告奋勇，亲自领兵出战，为全体义军将领树立了一个身先士卒的榜样。出兵帮助赵、孙二人。

没有永远的敌人，只有永远的利益。这句话有道理，无论人与人之间的相处，还是生意场上的分分和和，或者大国关系变迁，都有许多的例子。人与人之间，过去的视为水火的仇家可能因为共同的利益需要，而以大局为重冰释前嫌。反过来，朋友之间由于利益关系处理不好，也会反目成仇！在生意场上，过去的合作伙伴为了各自的利益，瞬间就成了竞争对手；反过来，竞争对手也可以为了共同的利益关系变成了合作伙伴！在国际交往上，国与国之间制度不同，信仰不同，但是只要能够利益互补，就能够一起坐下来谈合作。反过来，国与国之间尽管制度相同，但是利益发生了冲突，也会兵刃相见，成为敌人。

纵观古代中国历史，利益决定敌我关系的事情比比皆是。隋末唐初，时局动荡不安，李渊为巩固自己的势力，给李密写了封信，信中对李密大加尊崇，李密轻信了，最终被李渊打败。楚汉争霸之时，汉高祖在还不能与项羽抗衡的时候，便卑躬屈膝地侍奉项羽，使项羽因此相信自己已逐渐削弱刘邦的势力，以致垓下一战，把项羽彻底消灭了。或许有人会觉得李渊、刘邦是阴险小人，但无论他们手段如何，都成就了一代王朝，后世看到的更多的是他们的丰功伟业，没有谁会去批判他们不够光明磊落，甚至他们所用的计谋会被歌赞为妙计，他们被后世赞为骁勇善战，足智多谋。他们为了自己的王朝利益可以向敌人假装妥协和示

弱，最终成为一代英雄。

三国时期，袁绍与冀州牧韩馥是老朋友，他们曾共同讨伐董卓。而后袁绍却用计主管冀之事，反客为主，尽夺韩馥之权，逼得韩馥扔下一家老小，孤身投奔陈留太守张邈去了。袁绍为何要与韩馥反目？要知道当袁绍缺少粮草时，韩馥立刻派人送去粮草。袁绍为何敢冒天下人唾弃为忘恩负义之徒的骂名，攻取冀州？终其缘由，是为了利益，冀州是粮仓，得到它就使袁绍的势力更上一层，利益的趋使让他们成了仇家。

历史上的国家大事如此，我们现代人面对竞争也应该如此，没有永远的朋友，只要给我们的发展造成了阻碍，我们就应该将阻碍拨开，不能因为儿女情长，阻碍了自己的发展大事。也不会有永远的敌人，对我们发展有利的人，我们不应该计较于一些负面的东西，不肯释怀，而是应该大大方方的，为自己的发展铺就一条光明大道。

第四章

朱元璋对你说如何确定

　　一个人的成功，离不开正确的战略策略。在朱元璋走向成功的过程中，战略策略起了非常重要的作用。俗话说，战略决定成败。在成功的战略策略指导下，朱元璋完成了从横吹牧笛的放牛娃到独当一面的军事统帅，再到居九五之尊的一代帝王的角色转变。今天，当我们翻开尘封的历史，细品朱元璋的成功经验时，我们不能不感叹：他是一位具有宏图大略的帝王。

找好靠山步步为营

在我们成长的初期，如果能够找到一棵可以依赖的大树，对一个寻求成功的人来说，无疑是非常有利的。因为这棵大树可以为自己遮风挡雨，使自己不至于在萌芽状态时就被恶劣的环境所扼杀。在为自己寻找一棵可以乘凉的大树方面，朱元璋是做得非常出色的，而且，他的这种策略也非常有效，使他不至于在时机还不成熟的时候就过早地成为"出头鸟"，达到了韬光养晦、积蓄力量、等待时机以图爆发的目的。

朱元璋对这种策略的运用首先要从奉小明王为主的举措谈起。小明王是红巾军起义倡导者韩山童的儿子韩林儿。

元朝末年，发生了一件大事。有一个河北人叫韩山童，也就是韩林儿的父亲，是白莲教秘密宗教领袖，他广招信徒，暗中策划起义。至正十一年，也就是公元1351年，黄河溃堤冲垮了山东的盐场，使国库收入锐减，只在乎声色犬马、对黄河从不过问的元统治者，不得不强令汴梁、大名等十三路民工疏浚黄河。韩山童派人在治河民工中做文章，并且偷偷宣传"弥勒佛下生，明王出世"，并预先在河道中埋下了一个一只眼的石人，上面刻着"石人一只眼，挑动黄河天下反"的字样，从那时候就可以看出舆论的力量是多么强大。后来，民工们在河南兰考的河道里，果然挖出这个石人，大家群情激奋，大声宣扬是神的造化。刘福通等人借坡下驴散布韩山童是宋徽宗的八世孙，当主中国。他们杀白马、黑牛，对天地盟誓，共同推举韩山童为首领，成为明王，以"红巾"为标志，准备起兵反元。但好事多磨，事情不幸泄露了，韩山童被捕成了为起义而亡的第一人。刘福通等人逃回颍州，很快就发动了起义。韩山童成为元朝统治者的刀下之鬼后，他的妻子杨氏带着儿子韩林儿逃到安徽砀山。刘福通奋力作战，力突重围，并在后来成功攻取了颍州等地。占领颍州后，刘福通发布了声讨元朝的檄文，也不忘声情并茂地演说一番，控诉元朝"贫极江南，富称塞北"，这样的宣传在当时具有很强的煽动性，人民点火就着。元朝统治者自然不会让这样的扰乱民心的乱臣贼子活着，急忙派枢密院同知赫斯·秃赤率六千蒙古大军及各路汉军前往镇压，但是被起义军打得大败。起义军很快就占领了安徽、河南大片地方，人数发展到十多万人，形势一片大好。各地闻风而动，接连起义，掀起了元末农民起义的高潮。刘福通想不能让韩山童白死，毕竟他是为起义死的第一人，而且前面宣扬的韩山童是宋徽宗的八世孙这个说法还是有用处的，可以子承父业，让韩林儿来完成自己父亲未完成的事业，如此子子孙孙无穷尽也，不怕元朝不灭。于是，他派人把韩林儿给找来，拥立他成为小明王，在亳州建立了政权——大宋，定年号为龙凤。过了一阵子，元军攻打亳州，刘福通又带着韩林儿奔走到安丰。这么一来，大宋皇帝小明王——韩林儿就俨然是红巾军的旗帜。郭子兴等人在也就成为大宋皇帝小明王名义上的一支部下，成了朝廷的军队了。

　　没有实权的韩林儿传令，任命郭子兴的儿子郭天叙为都元帅，郭子兴的妻弟张天佑为右副元帅，还任命朱元璋为左副元帅。朱元璋在官

第四章　朱元璋对你说如何确定战略战术

职上居于第三。朱元璋先是不想接受封赏，认为："大丈夫安能受制于人耶！"后来，看到小明王朝廷风头正盛，有这面旗帜的掩护也能算有个靠山，就欣然接受了委任。但是，任命的三名将领中，郭天叙年纪尚小，作战经验不足，而张天佑更是个有勇无谋的莽夫，朱元璋战功赫赫，身边又有李善长等誓死效忠的谋臣，所以，这支军队实际上是听命于副元帅朱元璋的。这支军队虽然受封于大宋政权，名义上接受小明王的统治，但事实上，他们不听从小明王的指挥。受封的第二年，也就是1356年，这支军队在攻占集庆的战斗中，由于陈野先的将领的叛变，郭天叙和张天佑在乱军中被杀。朱元璋听到这两人的死讯，心里暗喜，这等于是给他除去了绊脚石，朱元璋顺理成章地成为了这支军队的都元帅，完全掌握了整个部队。

对于当时的朱元璋来讲，他是没有多少政治资本可以倚仗的。因此，在很长一段时间里，他要想使自己的队伍更有权威性，更有号召力，就必须要想办法找一棵可以依靠的大树，很显然，在老百姓心目中是大宋王朝正统继承人的小明王自然成为了他的最佳倚靠对象，于是，朱元璋选准了这棵大树。

他不但欣然接受了小明王的领导，而且，每次在关键时刻，他还对小明王表现出了足够的忠诚，当张士诚围攻刘福通，小明王处境险恶时，他义不容辞地领兵勤王救驾，打败了张士诚的部队，救出了小明王。因此，小明王对他也非常器重和赏识，先后册封他为副元帅、吴国公、吴王，对他可谓恩宠备至。

但是，朱元璋有自己的政治目的，他不可能永远屈居于小明王之下，一旦羽翼丰满，他首先要除掉的就是对自己的政治前途形成羁绊的小明王。于是，他一方面力邀小明王来军中商议大计，另一方面又命人事先把小明王所乘坐的船凿漏，小明王就这样不明不白地成为了政治斗争的牺牲品。

联想到我们当代人的发展，在自己还不够强大的时候，应该像朱元璋那样找棵大树作为自己的庇护。如果是要进行创业更应该如此，在自己的资金、技术、市场都比较脆弱时，找一颗可以依靠的大树，以这棵大树为依托，不断积累自己的力量，使自己的创业之路逐渐顺畅起来。当然，我们所要借鉴朱元璋背靠大树好乘凉的做法，并不是要像朱元璋那样。一旦自己羽翼丰满，就把以前所依赖的那棵大树连根拔起。

在有了靠山之后，就要努力发展自己，在发展中也不能急于求成，而是要步步为营。步子迈得快，迈得急，避免不了要多摔跤，多危险。就好像朱元璋所处的动乱之世，多少双眼睛盯着你。先称帝的，往往就成为众矢之的，肯定不会有好下场。试看刘邦、曹操、李世民，无一不是后发而胜。朱元璋的头脑始终保持清醒，因此步子迈得稳，实力却增得快。

三国时期，孙权杀了关羽，为了避免遭到曹、刘两家联手进攻，便向曹操称臣，并劝其代汉自立。曹操眼明心亮，对臣下们说："这是把我放在火上烧啊。"终曹操一生，始终没有称帝，孙权、刘备也明白这个道理，不敢轻举妄动。元末大起义，称王称帝的大有人在，但没有一个得好下场。朱元璋则始终不争虚名，而是慢慢积攒资本，逐渐扫平政敌，步步为营，最后实至名归。所谓"后举者胜""先发者制于人"，朱元璋的运权谋略，令人不得不服，这也给我们许多启迪。

第四章

朱元璋对你说如何确定战略战术

铁血建功

朱元璋有话对你说

根基稳固才能发展

俗话说得好：砌墙先打基，吃蛋先养鸡。话粗理不粗，一个人要想获得发展，获得成功，首先要有稳固的根基。根基之于发展和成功，恰恰就是地基和墙、鸡和鸡蛋的关系。没有稳固的根基，只能依靠投机获得短时间的发展。想要获得长久的发展，还是要扎实基础，一步一步走向成功。

稳固根基，长远发展，是朱元璋又一战略计谋，这就要从朱元璋占领应天后说起，朱元璋占据应天后，并没有沉浸在胜利的喜悦中，他对自己所处的严峻形势有着清醒的认识。当时，应天东面的镇江被元将定定扼守着；东北的扬州（今江苏江都）由青衣军张明鉴占据：东南的平江（今江苏苏州）掌握在张士诚手中；南面的徽州（今安徽黄山市）有元将八思尔不花驻守；西面徐寿辉的势力已扩展到池州（今安徽贵池）。张士诚和徐寿辉虽然也是起义军首领，但此时已进入群雄逐鹿时期，大家都致力于扩张自己的地盘，早已不可能联合起来共同抗元，而且，张、徐地广兵多，对朱元璋的威胁比周围的几支元军要大得多。朱元璋放眼四望，自己竟是"地狭人少"，处于四面受敌之境。不过，朱元璋也不乏有利之处：由于小明王拖住了元军主力，应天北面出现了一道军事屏障，这使他可以放心大胆地经营江南。

为了确保应天的安全，必须首先清除肘腋之患，拿下最具威胁的邻近城镇。东面的镇江是长江下游的军事重镇，自古以来就是兵家必争之地，现在虽然掌握在元将定定扼手里，但他兵力单弱，一旦张士诚腾出手来抢占此地，则可以逆江而上直捣应天。

攻占应天的当月，待应天防务初步安排就绪，朱元璋立即任命徐达为大将军，统兵去攻镇江。很快便将镇江拿下。

拿下东面的战略要地后，朱元璋想与张士诚建立和平关系，以便集中精力去经略其他地方。他派人拿着自己的亲笔信到张士诚处，建议双方互通使节，"睦邻守国，保境息民"。张士诚本是盐贩，乘农民起义爆发之机率领18人起兵，不久即建立大周政权，自称诚王，此时已占据平江（今江苏苏州），改名隆平府，定为国都，在江南可以说立足已稳，根本不把朱元璋放在眼里。他扣留了朱元璋的使节，还派兵攻打镇江，被徐达击退。和睦相处既无可能，朱元璋便决定向张士诚施以有力打击，使他心怀诚惧，在朱元璋集中兵力南下西征时不敢轻举妄动，觊觎应天。他指示徐达迅速出兵包围了常州，又派遣三万士兵前去助战。张士诚惟恐常州有失，也派遣数万大军前往增援。徐达闻讯设下埋伏，张士诚军惨败，主将被俘。张士诚这才晓得不可小视朱元璋，派人到应天求和，提出情愿每年向朱元璋交纳粮食二十万石，黄金五百两，白银三百斤。朱元璋此时在战场上占据了优势，自然是得理不饶人，他要求张士诚放回所扣使者和俘去的所有将校，遂输粮50万石。张士诚觉得要价太高，不肯应允。

议和未成，朱元璋下令发动大规模攻势。但常州毕竟是个重镇，久攻不下，朱元璋认为这是将士们未尽全力，命自徐达以下一律官降一

铁血建功

朱元璋有话对你说

级，并写信指斥徐达师老无功，督责他"勉思以补前过，否则必罚无赦"。后来，朱元璋还亲到镇江督师，并以二万精兵增援，在围攻了8个多月后，终于将常州攻克。在攻克常州前，朱元璋已命人攻占了扼守太湖西口的长兴；攻克常州后，又派兵占取了濒临大江的江阴。得到了这两处战略重镇，就牢牢锁住了张士诚西进的路线，使朱元璋免除了后顾之忧。接着，徐达又率军进攻宜兴，并分兵攻打常熟。宜兴城坚难下，只得暂罢，由张士诚的弟弟张士德坐守的常熟很快就被拿下，张士德也被俘。张士德"善战有谋，能得士心"，是张士诚手下最重要的谋士，张士诚所领有的浙西地区，均由他带兵略定。俘虏了张士德，等于砍去了张士诚的一条手臂。张士诚在母亲的催促下，派人到应天，提出每年输粮十万石、布一万匹，与朱元璋修好，要求用所俘朱元璋的骁将廖永忠换回张士德，朱元璋断然拒绝。张士诚便归降了元朝，试图借助元朝力量与朱元璋抗衡。

在用兵东征的同时，朱元璋还分兵争夺南面和西面的战略要地，先后攻占了广德、宁国（今安徽宣城）、徽州、池州等地。

至正十七年（1357年）可以说是朱元璋的丰收年，这一年中，朱元璋为保卫应天，派兵攻克长兴、常州、宁国、江阴等地。克常熟，活捉张士德，一举攻下池州、扬州等地。这一年的成绩可是不小。朱元璋马不停蹄地奔走大江南北，然而他最担心的还是大后方的稳固，如果没有稳固牢靠的后方补给线，那么前方的一片大好景象，也不过是一种虚假的繁荣，面对敌人时将会不堪一击。

应天的安全有了初步保障之后，朱元璋看到东面的张士诚和西面的徐寿辉力量较强，短时间内很难取胜，而驻守浙东的元军力量小，又与其大部队隔绝，处于孤立无援的境地，特别是当时元朝主力军正在北方与刘福通激战，无力他顾，更给了朱元璋用兵浙东的良机。至正十八年（1358年）三月，他派邓愈、李文忠和胡大海进攻建德，元守将弃城逃跑，建德兵不血刃地被占领了。十月，胡大海军伐婺州，久攻不克，十二月，朱元璋亲率十万大军进围，元军援救。元兵乘数百辆狮子战车鼓噪而来，朱元璋利用当地山多路狭，战车难于行走的特点，诱敌深入，在梅花门外大破之。援军兵败逃遁，婺州"势益孤"。功下婺州，朱元璋将它改为宁越府，于其地置浙东行省，在衙门前树两面黄旗，上书"山河奄有中华地，日月重开大宋天"。两旁还立两个木牌，写着"九天日月开黄道，宋国江山复宝图"。至正十九年（1359年）正月，胡大海兵占诸暨。七月，常遇春率军攻衢州，遇到元军的顽抗，攻防战持续两个月。九月的一天，元枢密院判张斌见城池难保，就派人偷偷出城和常遇春定下破城之计，当天晚上，张斌打开小西门，放朱军入城，元兵见状大惊，溃不成军，衢州遂被常遇春攻破。十一月，胡大海兵取处州，元守将石抹宜孙弃城而逃，处州又为朱军占领。这样在不到两年的时间内，江浙省西部的元统治区大都为朱元璋所占领，江南政权的辖区进一步扩大了。这一带素有谷仓之称，朱元璋占有后，增强了其战用群雄的经济实力。

在军事节节胜利，辖区愈益扩大的形势下，朱元璋着手进行巩固占领区和继续发展壮大势力的事务。至正十八年（1358年）朱元璋打下徽州后，部将邓愈向他推荐老儒士朱升，说此人学识高，谋略深。思贤若渴的朱元璋随即同邓愈一起登门拜访。朱升见他气概非凡，又如此礼贤下士，便胸有成竹地提出"高筑墙，广积粮，缓称王"的建议。显然，

第四章 朱元璋对你说如何确定战略战术

这是要朱元璋第一巩固后方，第二发展农业生产，第三不急于称王，以缩小目标。朱元璋听后，十分赞赏，留朱升在军中办事，并采取一系列措施，实行他的建议。

礼贤下士，广泛征求和重用文人学士。每占领一个地方，朱元璋必定访求当地的文人学士，千方百计地网罗到自己的麾下，为他出谋划策。强请刘伯温就是一个突出的事例（刘伯温即刘基）。

努力恢复生产，大力储集军粮。朱元璋江南政权的辖区虽为富庶的地方，但由于连年战乱，农村壮丁大部分从军，劳动力很缺乏，且堤坝失修，耕牛被屠宰，粮食产量减少很多，军粮供应十分困难，只得采取强征于民，即所谓"寨粮"的办法，来满足军队的需要，但长此以往，不仅不能保障军饷，而且加重了民众的负担，不利于根据地的巩固。于是朱元璋就采用军队屯田和垦种的办法，恢复和发展农业生产。至正十八年（1358年），他任命元帅康茂才为都水营田使，负责修筑河道，兴办水利等事宜，要他巡视各地，做到高地不怕旱，洼地不畏涝，务必使水蓄泄得宜，便于农作物的生长。又令驻扎各处的将领，大力组织所属军士开垦荒地，且耕且战，除了供给本部军饷外，还要做到有存粮，并规定了具体的生产任务，超产者赏，没完成的罚。这样做收效很大，不到几年的功夫，粮食满仓了，军队再也不愁无粮了。农业生产的恢复，使江南政权的经济实力得到加强，为朱元璋坚持长期战争，夺取最后的胜利，准备了物质条件。

重视城防，加强战备，不断壮大军事力量。朱元璋江南政权处于张士诚、陈友谅两支强大势力的东西夹击之下，要站稳脚跟，必须建立坚固的防线，方能进可攻，退可守。而要实现这一点，"高筑墙"即认真修筑城防就成为首要解决的问题。

太平是应天西面的屏障，战略地位很重要，为抵御陈友谅的进犯，朱元璋命守将修筑城墙，挖掘濠堑，工程完成后，屹然为一坚城。至正二十年（1360年）闰五月，陈友谅率大军来犯，猛攻三日不能下，只是因城西南角俯瞰姑溪，又恰值水涨，陈友谅乃把大船开到城西南隅，舟尾高与城平，士卒缘之登城，城遂被攻陷。同年六元，将八思尔不花驻徽州（今安徽歙县）等。在四面临敌的情况下，朱元璋采取由近及远，逐步夺取应天周围据点，以巩固江南政权的方针。他把这一重担放在徐达、常遇春等将领身上。在占领集庆的当月，徐达就统军进攻镇江。

镇江拿下后，徐达统军又乘势攻下常州、常熟。占据了常熟，并活捉了张士诚的弟弟张士德，给了张士诚一个沉重的打击。十月，扬州守将张明鉴也向朱元璋投降。这一系列的胜利使朱元璋在东起江阴，沿太湖南到长兴这一线，建立起坚固的防线，堵住了张士诚西进的道路。

朱元璋在南线和西线的军事行动也颇为顺利，广德和宁国先后被朱军拿下，保证了应天南面的安全，而池州的攻克，又使朱元璋与徐寿辉的天完政权接壤了。

这样，在至正十六年三月到至正十七年十月的一年半多的时间内，朱元璋次第夺取了应天周围的据点，这不仅巩固了新生的江南政权，而且成为继续进取的前哨阵地。

朱军收复太平后，汲取教训，重新修筑城池，把城西南隅改建得远离姑溪二十余步，并增筑楼堞，守御遂固。

洪都（今江西南昌）地处赣江平原，位于赣江中游，由赣江向北经鄱阳湖与长江相连，历来是兵家必争之地。朱元璋和陈友谅为占据此地，进行了激烈的争夺。至正二十二年（1362年）朱元璋部将朱文正统军再次占领洪都后，对城池进行了全面的整修和加固，此城原来紧靠赣江，如遇江水上涨，就可利用战船攀附登城，为了防备敌军水师，朱文正按照朱元璋的命令，在改筑时，将城墙退后，离江岸有三十步，这就使敌方大船再也不能靠拢城墙。整修后的洪都城固若金汤，使陈友谅不能越雷池一步。

诸全为浙东藩屏，位置冲要，为了堵住张士诚对浙东的进犯，朱元璋部将李文忠采纳胡深的建议，选择离诸全旧城五十里之处的五指山另筑新城。城池竣工后不久，即遭张士诚部将李伯升率领的军队的进攻，虽然众寡悬殊，但李伯升在坚城面前无计可施，只得退走。

朱元璋重视修筑城池，对保卫辖区，发挥军事上的机动性，执行自己的战略计划，确实起了不小的作用。

与此同时，朱元璋还注意民兵建设。至正十八年（1358年）设立管领民兵万户府，挑选农民编组为兵，使其农闲练兵，农忙耕种，成为维持地方秩序的力量。这既可抽出主力军外出作战，又可为主力军的补充和扩大积蓄后备力量。

"高筑墙，广积粮，缓称王"是朱元璋很重要的战略方针。就是凭着这条战略方针，他巩固根基，发展生产，积蓄军粮，缩小目标，长远打算，韬光养晦，待时而动，最后登上了皇帝的宝座。

西方有句俗语，罗马不是一天建成的，这是很有道理的。成功不可能一蹴而就，它是建立在牢固的根基之上的。只有在牢固的根基之上，从小到大慢慢积累，脚踏实地地不断向前，才能成就伟大的事业。

根基不稳，大厦不牢。对于我们现代人的发展来讲，同样要注重打好自己的根基，只有以稳固的根基作为保证，才能够获得持久稳定的发展，并最终走向成功。我们现代人所面临的是漫长的工作道路和创业道路。如果想在自己未来几十年的道路中有所成就，必须要做到打好根基，这个过程就好比建筑，根基打得越深，意味着建筑会建得越高。

我们的生活中，为了自己将来获得更大的成功，我们就要打下牢固的根基。这些根基包括很多东西，比如知识、能力、人脉、资源等等。我们的发展之路，要努力学习自己的专业知识，培养自己的竞争能力，培养自己的人脉关系，发展自己的相关资源。将自己的根基打得足够深，足够扎实。这样才能在我们的发展之路上走得更远，才能获得更大的成就。

依据实际确定策略

实事求是是一种态度，在决定自己发展成败的策略问题上，更要依靠实事求是的态度。空想出来的策略，无疑是无本之木、无源之水，经不起实际的考验，得不到长久的发展，所以在确定发展策略的时候，一定要从实际情况出发。

朱元璋在经过了一段时间的独立发展之后，开始和老牌起义军发生了利益冲突。当然，谁也不希望看到自己身边有一个实力雄厚的敌人。在朱元璋四周的各路竞争者中，与朱元璋最先打起来的人是张士诚，张士诚一直试着赶跑朱元璋。双方大大小小的战争打了一百多

第四章 朱元璋对你说如何确定战略战术

次，各有胜负。

张士诚那时人气很足，朱元璋拼不过他，甚至有些部将投靠了他。无奈之下，朱元璋只好和张士诚谈判。可惜，张士诚无心谈判，财大气粗的人姿态都比较高。

朱元璋的处境很困难，张士诚和陈友谅都想除掉他。这时候，来了一个神秘的人，他会是谁呢？

朱元璋曾把李善长比作萧何，把徐达比作韩信，那么张良是谁呢？

答案是刘基，刘伯温先生。

刘基是处州青田县人世，伯温是他的字。当时，刘伯温是一个风云人物，后世，人们也常常把他和张良、诸葛亮等一代良相相提并论。

刘伯温出生于公元1311年，是北宋扬国公刘光世的后代，家里是书香门第。自幼受到良好的家庭教育，在邻里之间素有神童之称。他14岁就高中秀才，16岁又中举人。17岁时，离家去石门书院研读诗书。在这里，他不仅潜心钻研了经史诗赋等文学书籍，还广泛地遍读了医卜星历等，几乎涉及中国所有的学问，他尤其醉心于兵书的研读。在一个传说中，他对兵书苦思冥想，诚心竟然感动了上天，读书面对的石壁忽然从中一分为二，刘基飘然走入，翻过丛山峻岭，越过黑暗包围，眼前豁然开朗，出现了一间方丈大小的石屋，屋中石壁上写有"此石为刘基所开"几个大字，刘基一过去，这块石壁应声破裂，只见里面方有一只石匣，他取回打开，里面原来放着四卷兵书。刘基携石匣退出奇境，只听一声巨响，石壁砰然紧合，完好如初。后人传说，这四卷兵书就是刘基后来辅佐朱元璋所使用的。虽然只是个神话故事，却也反映了刘基认真学习的苦心。

公元1333年，刘基高中进士。但是，元朝政府不肯重用汉人，轻视儒生，刘基在高中后赋闲了三年，最后被远调到江西高安县做小小县丞。刘基却不以为然，在岗位励精图治，替百姓伸冤，严惩了几个无法无天的土豪恶霸。府县的其他官员受到恶势力的威胁，纷纷排挤刘基，不再让他有实权，刘基便一心苦读，求贤拜师。他听闻进贤县的邓祥甫天文数术方面是高人，就拜在他门下，潜心研习，终于有所收益。后来，由于清正廉洁，刘基终于无法融入官场，于公元1341年辞官回乡。

由于刘基在学术方面的名声口耳相传，越来越大，公元1350年，他被征做江浙行省儒学副提举、兼当年乡试考官，不久，由于看不惯官场的风气，他再次辞官。公元1352年，徐寿辉率兵东下江浙一带，攻陷了杭州，刘基的家乡处州青田也被战火席卷。刘基这时毫不迟疑地接受了元朝政府任命的江浙行省元帅府都事的职务，协助浙东宣慰副使石抹宜孙驻守台州。他深受贪官方国珍之害。但方国珍却用金银财宝等贿赂，一路打通了元朝政府的上下关系，不但没有被兴师问罪，兄弟子侄还各有封赏，刘基则被冠以"伤朝廷好生之仁，擅作威福"的罪名，发配到绍兴羁管。

公元1356年，刘基又被起任做江浙行省都事，协助石抹宜孙，前往平定处州的"山寇"。龙泉县的章溢、叶琛和丽水县的胡深等几个挚友都集聚在石抹宜孙的麾下。他召集了不少农民组成一支武装力量，用计瓦解、分化了盘踞在此多年的几股起义势力，上报朝廷这次大捷之后，刘基摩拳擦掌，想借此机会有所作为，为朝廷平定更大的叛乱。没想到消息传下来，他却被降职任用，改授处州路总管府判官。其中原因，就是他不屑于用金银贿赂官员。从此，刘基对元朝政府彻底失望。他带着

第四章 朱元璋对你说如何确定战略战术

愿意跟随自己的将士，又一次辞职返乡。

朱元璋早已久仰刘伯温的大名。有一次，他同李善长闲聊，就问李善长，汉高祖刘邦何以平天下？李善长回答道，是由于身边有"三杰"。朱元璋思考良久，说："先生是我萧何，徐达是我韩信，那么我的张良张子房又当是谁？"李善长认为金华宋濂是不二人选，朱元璋却说："我也听说过此人，可是他却远不如青田文武双全的刘伯温。"

朱元璋离开金华回应天的途中，还再三叮嘱胡大海要注意刘基、章溢、叶琛、胡深等一些人的去向。攻陷了处州和青田之后，胡大海不负众望，果然打听到了刘基等人的详细情况，随后，他向应天呈上了一份礼聘刘基等人的推荐书。朱元璋身边的谋臣李善长、陶安等人又再三称赞刘基的兵法，称其谋略当世无双。朱元璋喜不自禁，立刻派樊观带着厚礼，做为特使从应天奔赴处州。这时，胡大海还未等到朱元璋的回应，就派处州总制孙炎亲自前往青田县武阳村。这孙炎长得有些吓人，黝黑的脸庞，三十多岁就跛了一只脚，但他才思敏捷，巧舌如簧，也是江南的一位名士。在应天很受朱元璋的器重。此次前去，他坚信，凭自己的聪慧，一定，也必须说服刘基辅佐朱元璋。

对刘基来说，这是一个艰难的决定。叛乱国家的臣子，按罪当诛。狂澜当砥柱，国破尽臣节，虽然国家政权腐败，可身为元朝的人臣，还是应该尽忠，誓死卫国，投奔新主就是对国不忠，弃名节于不顾，这对读书人来说是多么艰难的事。何况，朱元璋对自己究竟是什么态度，自己的军事才能、政治抱负是否能施展也是一个未知数，谁能说朱元璋不是另一个元朝政府呢？再想到自己上有80岁的老母亲，下有两个小儿，身为儿子要侍奉老人，身为父亲要教养孩子，另外，自己年纪又快

50了，身体又不是很康健，倘若这次兴师动众前去却败兴而归，岂不是真正要抱憾终生。几经思索，他决定不见孙炎。没想到这位大人耐性不差，吃了闭门羹后，并未恼羞成怒，返回金华后，又三番两次派遣使者登门造访。刘基心生愧疚，就把自己的家传宝剑赠给孙炎，却被原物奉还，并附上了一首长诗，上书，宝剑配明君，自己实在不敢当，同时又有万言长书一封，书中详细写到元朝苛政暴行，气数已尽，还有朱元璋勤政爱民、礼贤下士的种种仁义之举。

此情此景，使刘基思绪万千，他内心深藏的欲望不禁被激发了出来。他转念一想，天生我材必有用，人生在世已属难得，应该驰骏马、披轻裘、驾轻车，游览四方美景，伸展拳脚，怎能在山林之间自甘寂寞，他又遥想当年游历杭州西湖美景时，望见西北方飘来一片云彩，外赤内黄，久久不肯散去，那云正在淮西，现在朱元璋所在方位，听此人所为，不为钱财，不为女色，现在想来，莫非那天子祥云就说的是此人？

想到这里，他不禁有些沾沾自喜起来，又赋诗一首："结发事远游，逍遥观四方。天地一何阔，山川杳茫茫。众鸟各自飞，乔木空苍凉。登高见万里，怀古使心伤。伫立望浮云，安得凌风翔！"胸中不快之气通通散去，当孙炎再次到访时，刘基就亲自上前迎接，二人对谈许久，畅谈人生。不久之后，朱元璋的特使樊观也奉命前来，他重申了朱元璋对刘基的敬重之情、佩服之意，同时，还呈上了现任行省郎中陶安的劝谏。母亲也劝刘基："不要让家成了你的拖累。处衰乱之世，不辅真主，就连家人也难得万全。"这么一来，刘基终于决定面见朱元璋。手下亲信请求，随同一起前往，刘基对他们说："天下事，全在我与所辅佐之人足矣，不必其他人，你们今后要听从我弟弟刘升的派遣，守卫故土，千万不要为方国珍所害。至于我，你们不必再牵挂。"

再说章溢、胡深、叶琛。章溢和胡深是同乡，都是处州龙泉人；同年出生于元仁宗延祐元年（1314年）；在幼年又一起向理学家王毅学习程朱理学，是同学，感情甚好，二人成年后都成为了龙泉的著名文人。至正十二年（1352年），徐寿辉率大军侵占了浙闽地区，处州百姓纷纷投身起义队伍，章溢、胡深以及丽水叶琛、青田刘基等人都集结兵马，自保故土。之后，他们又在石抹宜孙的集结下联合起来，共同镇压当地的农民起义运动。在至正十八年（1358年），朱元璋带兵攻打婺州，章溢就把全部军队都交付给自己儿子存道，自己起了个匡山居士的雅号，隐居匡山之中，等待时机到来，刘基这时也在家赋闲，唯有胡深和叶琛仍给石抹宜孙卖力，协助他带兵打仗。在胡深投诚之后，胡大海就将他送到应天，到朱元璋身边之后，给他了隆重的礼遇，封给他左司员外郎的职位，让他重新回到处州，招集了旧部下，联系能人志士，使处州局势得到稳定。同时又派遣樊观作为使节，聘请刘基、章溢、叶琛等人上任。通过胡深的动员，刘、章、叶等人对朱元璋有了深入的了解，都决定跟随朱元璋，大展宏图。

这个时候，宋濂也被邀请到了应天。宋濂本是金华浦江人，生于武宗至大三年（1310年）。师从大学问家黄缙、吴莱、柳贯等人，是浙东文坛的一位知名人士。他受元璋的聘请，成为金华府学的五经师，可不足二个月后，又归隐龙门山之中。他的第二次出山，是由于李善长的极力推荐和劝谏而成。

至正二十年（1360年）的三月，刘基、宋濂、章溢同时到达应天，朱元璋急忙传令召见四人。嘘寒问暖了一番之后，朱元璋诚恳地说：

"为天下苍生，要委屈四位先生在我这里就职了。依你们所见，眼下这种战火纷争的时代何时才是个头？"章溢首先回答："'天道无常，唯德是辅'，只有不妄杀的仁德之人才能顺天应命，统一天下。"这句话听起来满是赞颂、实则含有贬义，不知说的是谁。朱元璋一听，顿觉醍醐灌顶，发人省醒，立刻对他们无限崇敬起来。但是并没有当即就委以他四人重任。有一天，他问陶安道："若这四人同你相比，如何？"陶安回答："论谋略，臣不如刘基；论学问，臣不如宋濂；论治民，臣不如章溢、叶琛。"听完陶安的谦逊之言，朱元璋对他满心赞赏，也更加尊敬这四人起来，于是，他把刘基留在身边出谋划策，派遣宋濂去江南等地推选贤能之人，兼为长子朱标的师傅，又将章溢、叶琛升任做营田司金事，负责民间事宜，并专程打造"礼贤馆"供他们居住，这四人也被民间称作"四先生"。

有天，朱元璋正在吃饭，下属报告，青田刘伯温先生求见，朱元璋放下餐具，说快快请进。等到二人面对面时，只见这位久仰的刘伯温体态修长，面庞白净，目光炯炯有神，须发整齐，神清气爽，举止得体儒雅，不禁喜上心头，接着几杯小酒下肚，朱元璋说道："先生可否作诗一首？"刘基回答："儒者小技，这有何难？"朱元璋指着桌上的筷子，说："就以此为题。"刘基沉思一会，朗声送来："一双湘江玉并看，二妃曾洒泪痕斑。"朱元璋一听，这是借用舜妃娥皇、女瑛洒泪青竹而成湘妃斑竹的典故而成，不觉眉头微皱，笑说："秀才气味。"刘基不慌不忙："且听。"接下来又说："汉家四百年天下，尽在张良一借间。"这两句借用了留侯张良借箸代筹，辅汉灭秦的典故，既暗含了刘基的雄心壮志，又和朱元璋的抱负不谋而合。

第四章 朱元璋对你说如何确定战略战术

朱元璋不禁喜出望外，这刘基真是自己的知心人，不觉将自己的座位向前挪了两步，接着细细询问如何安邦建国。刘基给出了十八条时务建议，并给他分析了江南和天下的形势，说："明公因天下之乱，崛起草莽间，尺土一民无所凭借，名号甚光明，行事甚顺应，此王师也。我有两敌。陈友谅居西，张士诚居东。友谅包饶、信，跨荆、襄，几天下半。而士诚仅有边海地，南不过会稽，北不过淮阳，首鼠窜伏，阴欲背元，阳则附之，此守虏耳，无能为也。友谅劫君而胁其下，下皆乖怨；性剽悍轻死，不难以其国尝人之锋，然实数战民疲。下乖则不欢，民疲则不附。故友谅易取也。夫攫兽先猛，擒贼先强，今日之计莫若先伐友谅。友谅地广大，得友谅，天下之形成矣。"

刘基的这番高见，和未出茅庐的卧龙先生诸葛亮给刘备说的隆中对颇有几分相似。他对时局的精准把握、透彻分析。让人不再迷茫，一下子看清了人生的道路。朱元璋手下有不少能人志士，也献过不少好点子，但还没有这样一个高瞻远瞩，有着全局观的高人。

经他这么一指点，朱元璋真是茅塞顿开，连连点头，说："如果以后先生但凡有高见，还望随时赐教，指点江山。"朱元璋这时终于真正拥有了自己的谋臣军师。这是朱元璋人生旅程的一个大转折点。此后，他听取刘基的建议，由一味占领弱地转而变为勇猛攻夺地盘，转把矛头第一个对准了西部豪强——陈友谅。尽管一路上艰难重重，然而跨过艰难险阻之后，他看见的是柳岸花明又一村。朱元璋也冲出逆境，建立起了自己的丰功伟业。

在朱元璋的创业过程中，战略策略起到了非常重要的作用。一般来说，战略策略都是一些宏观上的东西，它能够高屋建瓴，从总体上规划出大致的发展蓝图，帮助我们矫正自己在发展过程中有可能出现的某些偏离航道、不利于自身发展的倾向和苗头。战略如此重要，如何确定战略，就成为重中之重。

在实际情况中，我们一定要因地制宜，制定对策。朱元璋就是一个值得学习的好榜样，他本来是东西南三面开战，虽然被时局所困，但缺乏整体的考量，朱元璋麾下的将帅们也把眼光聚集在长江下游的富饶地区的一霸张士诚身上，而对于彪悍的西部霸主陈友谅，他们从心里有一股畏惧之心。这种心理也或多或少的影响了朱元璋。总之，面对新时局，在东西两面的敌人之中，朱元璋并不知道首先该选择哪个作为对手。

根据刘基的理论，在东西个豪强之中，如果先攻打陈友谅的话，张士诚应该会固守领地，按兵不动；而如果先攻打张士诚，"剽悍轻死"的陈友谅一定会借机会偷袭朱元璋的应天。而且这个战略的关键点在陈友谅身上，如果打败了张士诚，陈友谅一方依然会是铜墙铁壁、固若金汤，但如果陈友谅一旦被打败，张士诚方面一定会心惊胆战，天下到时就是朱元璋的了。另外陈友谅看似强大，实际上也有弱点，绝对不是战无不胜的。

刘基分析的战略决策，就是依据上述事实确定的，也正是因为依据实际情况确定了这样的决策，才使得朱元璋在日后的发展过程中走了一条稳妥的发展之路，免于与两线作战带来的危险境地。正是这种高屋建瓴却又依据实际的决策，给朱元璋的发展道路指明了方向，摆在朱元璋发展道路上的两块主要的大石头，在这里找到了搬除的方法。

我们当代人思考人生时，也要依据实际情况，确定自己的发展之

第四章 朱元璋对你说如何确定战略战术

路。现实生活中，社会需要，自己兴趣所在，自己手头的资源……这些都是现实情况，我们所要做的就是根据这些现实情况，确定自己将来的发展策略，并以此为基础向着目标不断努力，如此，就一定会获得成功。

决不放弃目标

关于目标有这样一段话：目标是一盏明灯，照亮了你的生命；目标是一个路牌，在迷路时为你指明方向；目标是一方罗盘，给你导引人生的航向；目标是一支火把，它能燃烧每个人的潜能，牵引着你飞向梦想的天空。目标是你追求的梦想，目标是成功的希望。失去了目标，无疑就失去了一切。从这段话我们不难看出，目标对于我们取得成功的重要性。

朱元璋参加红巾军后，虽然从总体上看似乎顺风顺水，但是，在他一步步走向成功的过程中，他所面临的风险和诱惑也在不断增加。不过，朱元璋是一个胸怀大志的人，他知道自己的最终目标是什么，因此，在各种假相和诱惑面前他能保持清醒的头脑，更不会满足于已经取得的成功，坚定不移地朝着自己的最高奋斗目标迈进。关于这一点，可以从朱元璋发动统一全国的战争中看出来。

1368年，朱元璋在应天称帝，建立明朝。此时的朱元璋已经控制了大半个中国，很多人都认为朱元璋可以高枕无忧了。但是，朱元璋并不这样认为，因为他的目标是全国真正意义上的统一。而此时，元顺帝率领元朝的残余势力退到长城以北的塞外，还保有相当强大的力量。在西南地区的四川，有明玉珍的夏政权，在云南还有故元梁王的政权。这些都是朱元璋的心腹大患，所以，他要把统一中国的战争继续进行下去，决不允许统一四海的目标半途而废。于是，在刚刚称帝不久，朱元璋就马不停蹄地发动了一系列旨在消灭各种残余势力的统一战争。

洪武三年，明军北征沙漠，骁勇善战的明军长途远袭，元顺帝抵挡不住，只好率领残部逃到了今外蒙一带，北方的形势基本上得到了稳定。就在北方边境安定下来之际，朱元璋又开始着手扫灭四川的夏政权。在出征之前，朱元璋进行了认真的战略部署，他认为："蜀人闻吾西伐，必悉其精锐东守瞿塘，北阻金牛（全称金牛峡，亦称五丁峡，在今陕西宁强境内）以拒我师。彼谓地险，吾兵难至，若出其意外，直捣阶、文，门户既隳，腹心自溃。"基于上述分析，朱元璋派出南北两路大军进攻四川。南路大军以中山侯汤和为征西将军，江夏侯周德兴、德庆侯廖永忠为左右副将军，并命营阳侯杨璟、都督佥事叶升等率京卫、荆、湘舟师由瞿塘趋重庆；北路大军以颍川侯傅友德为征虏前将军，顾时为左副将军，并由何文辉等率河南、陕西步骑由秦、陇趋成都。同时，命卫国公邓愈往襄阳训练军马，运送粮饷，以保障征蜀部队的后勤供应。如此严密的战略部署令夏政权闻风丧胆，但是，作为割据一方的实力派政权，夏政权没有失去最基本的尊严。它没有在大军压境的那一刻不战而降，而是组织起有效的反击。但终因众寡悬殊而无奈上表请降。

消灭四川的夏政权后，朱元璋更加游刃有余，随后出师云南，消灭了故元梁王的政权，完成了统一战争。

从上面的史实中，我们可以看出朱元璋是一个意志坚定、目标明确、不肯半途而废的人。在当时，这些政权虽然不足以对明朝构成致命的威胁，但是，朱元璋深知养虎为患的道理，他不能让这些割据势力一步一步地发展壮大，于是一鼓作气，将统一中国的军事行动坚决彻底地进行下去。事实证明，他的做法是非常英明的。

大凡欲成大事者不但要有大智大勇，而且还必须做到目标明确，绝不能半途而废。中国有句古话：为山九仞，功亏一篑。意思就是，事情马上就要取得成功了，却因为最后的半点疏忽大意使以前所有的努力都付诸东流。毫无疑问，这种失败是可悲的，导致这种可悲结局的原因在于当事者或决策者意志不坚定，被眼前的大好形势冲昏了头脑，忘记了自己的最终目标还没有实现，还需要持之以恒地奋斗。

在我们身边，其实有很多意志不坚定的人，他们心态比较浮躁，虽然他们在创业之前就设立了一个很美好的目标，但是，在实际创业的过程中，有些人常常因为一个小小的挫折就中途弃权，转而选择其他的创业项目；还有一些人在取得一点点成功之后，就志得意满，从此过上了花天酒地、纸醉金迷的生活，殊不知，物质享受的诱惑就像伊甸园里的美女蛇一样，只要你中了它的圈套，你就会欲罢不能，从此沉醉在安乐窝中，置自己的长远目标于不顾，在享乐中逐渐消沉。

在创业过程中，无论出现上述哪一种情况，对于创业者来说，都是一种慢性毒药，这种毒药能够浸染到整个创业过程中，使创业活动陷于万劫不复的深渊。因此，一个人要想实现成功创业，就必须要做到目标明确，时刻提醒自己切不可半途而废，只要选准了自己感兴趣的项目，

就要想方设法坚持下去。要知道，坚持就是胜利。

策略要因时而变

一个成功的决策，并不等于一个永远正确的决策。现实世界的情况是不断变化的，而我们所做出的策略，就需要根据时间的推移和现实情况的变化做出相应的调整，只有这样，才能保证策略的正确性和有效性。

朱元璋是个不折不扣的枭雄，有时候他的做法几乎令人费解，但从根本上说朱元璋所做的决策，基本上都是依据实际情况做出的，之所以出现了前后矛盾，其实本质上是因为现实情况的改变，策略也要因时因事而改变。

朱元璋深知，在与敌斗争中，不能一味死缠烂打，要讲变化，讲节奏。

从投身郭子兴队伍的第一天起，朱元璋除了有一段时间专门对陈友谅、张士诚用兵外，其余的日子几乎天天在与元军血战。但是很奇怪，他占领集庆后，却先后五次主动派使臣至元廷察罕帖木儿和其养子扩廓帖木儿的营地，表示求和，希望通好，各安其境，互不侵犯。实际上，他这是在麻痹强敌，以求暗中动手脚，谋发展，他始终是以反元为使命的。所以当元廷以江南行中书省平章政事的诏书送到南京，想收买他为元朝效力的时候，他就翻了脸，还把元使杀了示众，以绝元念。

在处理义军内部矛盾过程中，朱元璋也善于耍手腕，在夹缝中求

生存。义军首领赵均用、孙德崖不止一次野心膨胀，想杀害郭子兴，吞并郭部，朱元璋挺身而出，两次直接把郭子兴从赵、孙手里救出。这时候完全可以打个你死我活，但朱元璋每次都不以仇敌事之，而是不念旧恶，共同对敌。所以他虽然始终是保郭子兴的，却又没把赵、孙得罪到势不两立的地步。

前文讲述过在解救被元丞相脱脱重兵围困的赵、孙二人时，显示了朱元璋不念小恶，不闹内讧，化敌为友。表现了他因时因事的战略决策。

朱元璋对待俘虏前后有不同的态度，正说明了政治家在处理问题时考虑的不是所谓正义和仁德，而是利益至上，这一点也充分体现了其制定策略因时而变的战略决策精神。

朱元璋举义之初，势单力薄，所以，分化别人加强自己就成了工作的重中之重。朱元璋夺取太平后，俘虏了陈野先，这人先投降，再背叛，朱元璋于至正十六年三月初一日亲率大军，水陆并进，攻下集庆。于三月初三夺下江宁镇，活捉了他的儿子陈兆先，尽降其众，得兵3万多人。这些降兵都万念俱灰，难逃一死。没想到朱元璋却从他们里面挑选出500勇士担任自己的亲军，晚上把旧人都赶开，唯留冯国用一人在侧，他自己解甲卸装，睡觉打呼噜打得震天响，以此表示和他们推心置腹，毫无隔阂。结果众多降卒疑虑尽除，大为感动，纷纷表示要效命新主。由此可见，朱元璋这个权谋大家，真有让降而复叛的军队以死效力的本事。这步既是险招，又是妙棋，以一己之危，赢得三万将士归心。

再看朱、陈二人在鄱阳湖大战前，朱元璋给陈友谅写的一封信，信中指斥陈的败绩恶行"我欲与公约纵以安天下。公失计，肆毒于我。

我是以下池阳，克江州，奄有公龙兴十一郡。今犹不悔，复起兵端，一困于洪都，再败于康郎，杀其弟侄，残其兵将，损数万之命，无尺寸之功，此逆天理、背人心之所致也。公乘尾大不掉之舟，顿兵敝甲，与吾相持，逞其狂暴之性，正当亲决一战，何至徐徐随后，若听我指挥者，无乃非丈夫乎！公早决之。"此信本意就是要激怒陈友谅，结果这家伙果然上当，怒不可遏，下令把俘虏的朱部士兵全部杀死。

那边他正杀得高兴，这边朱元璋却在为他的俘虏治伤疗病，然后伤好病愈，一律遣返回营，还给陈友谅的弟弟、侄子和他的阵亡将士临水祭奠，超度亡灵，陈友谅的俘虏兵们十分感动，人人心里揣了一个小太阳，一回营中，看似是给陈友谅增加战斗力去了，实则却成了一个个的策反机器。

但随着朱元璋势力一天天增大，地位日益稳固，他对待俘虏的政策变了。因为有的俘虏旧恩难忘，不肯为他所用，有的俘虏总是惹事，不但要分出兵力押解和看守，还容易发生变乱，所以干脆万千烦恼，一杀了之。

龙凤十一年十一月，他给徐达、常遇春的密令中说："十一月初四日捷音至京城，知军中获寇军及首目人等六万余众，然而俘获甚众，难为囚禁，今差人前去，你们军中，将张（士诚）军精锐勇猛的留一两万，若系不堪任用之徒，就军中暗地去除了去，不必解来。但是大头目，一名名解来。"到了吴元年十月，他又下令军前：今后俘获寇军及头目人等，不须解来，就于军中典刑，这回连降军头目也不留了。仅旧馆一役，至少坑杀降卒四万。

朱部后期军纪恶劣，朱元璋曾严令整饬。至正二十六年（1366

年），朱部打下高邮后，抢夺敌人官兵的妻女，留在了军中。朱元璋知道后大怒，斥责前线将领说："这个比杀人，哪个重？将头目军人一概杀了倒无可论。掳了妻子，发将精汉来我这里，赔了衣粮，又费关防，养不住。杀了男儿，掳了妻小，敌人知道，岂不抗拒？星夜叫冯副使去，军前但有指挥、千户、百户及总兵官的伴当掳了妇女的，割将首级来。总兵官的罪过，回来时与他说话。"事实上，这并不是他对民众行仁政，也是出于现实利益的考虑。在朱元璋看来，前线战士掳了妇女，杀了俘虏，敌人知道了，当然会顽强抵抗。为了这个道理，朱元璋只好派特使去整顿军纪了。

这样一路分析下来，我们看到的确实不是一个"仁君"该有的模样，很像一个奸商，他做的是人命生意。朱元璋有时候确实令人费解，与他有深仇大恨的，他或许能宽忍地赦免你；与他同甘共苦的，却会因为一言一行不谨慎招来杀身之祸。这一方面与其政治家的身份性格有关，另一方面，朱元璋所关注的是自己的利益。创业难，守业更难，打天下的时候需要奇计百出，守天下的时候一样也要煞费心机，甚至不惜采取残暴强硬手段。

朱元璋打天下的时候，绝对是一个玩弄权术手腕的实用主义者，只要于我有用的，三教九流、鸡鸣狗盗之辈也兼收并蓄；于我有利的，让我折节鞠躬、暂时性地认贼作父也无妨；若是挡了我的路，凭你是圣贤佛仙，一概杀无赦。

这就是朱元璋的策略因时而变。不同时期条件不同，所奉行的政策也要不同。朱元璋在打天下的时候，身边最缺的资源就是人，对于战俘，无疑是军队战斗力最快的补充，这些人虽然是战俘，但是比起自农民中募集的士兵，他们或多或少都接受过训练，他们经历过战场的杀戮，见识过战场的残酷，他们无疑具有一些优势。所以招降战俘为自己所用就是一项很具有实际意义的政策。

而到了后期，现实情况是朱元璋兵精粮足，对于战俘，也没有精力去一点一点地感化为己所用。但是从资源上，相对缺乏的是粮饷和管理精力。这时候，战俘成了一种累赘，朱元璋本身的果决也就体现出来了。在对于战俘的前后政策中，体现出的正是朱元璋对于政策因时而变的策略。

我们现代人在发展的过程中，也要注意自己的策略的灵活性，不能够死守一条原则。在具体情况发生改变的时候，自己的策略也要因时而变。

第五章

朱元璋对你说 用人之道

　　用人之道是一套系统的学问，朱元璋在创业过程中一个最大的亮点就是他能够吸引众多的饱学之士来到自己的阵营之中，为自己争夺天下敬献锦囊妙计。如果仅凭朱元璋的一己之力，他是无法从一个放牛娃变成君临天下的最高统治者的。因此，朱元璋的用人之道历来为史家津津乐道。今天，就让我们拨开历史的迷雾，还原历史的真相，看一看朱元璋在用人方面的谋略及其功效。

巧用人才，取善为用

人才是当今社会竞争的焦点，如何用人就成为领导们苦苦思索的问题。对于人才，要用得巧，才能用得好，才能让人才更好地为自己效力。朱元璋作为领导，很懂得巧用人才的奥妙，那么就让我们一起学习一下朱元璋的用人之道。

看一下朱元璋的成长之路，会发现一些有趣的事情。朱元璋刚开始是个穷孩子，后来变成小乞丐，再后来变成小和尚，之所以说有趣，是因为无论朱元璋的哪一种身份，都似乎不大容易让天下人才来归附。那么，他又是如何网罗这些历史上赫赫有名的人物，诸如徐达、常遇春、邓愈、冯胜、汤和、傅友德、廖永忠、胡大海、刘基、宋濂、朱升……这一系列武将文臣，为自己出力效命的呢？

其实，朱元璋做穷孩子、做乞丐、做和尚，都没有什么人环绕左右，他又长得丑。倒是后来成了一名小军官，别的小军官还想着怎么终饱私囊之时，朱元璋的心思就已经放在"实力"和"人才"上了。为了扩充实力，搜罗人才，更是绞尽脑汁，无所不用其极。这段时间，他收了徐达、周德兴等将才，收了李善长等文士。

刘邦靠张良、萧何、韩信夺天下，朱元璋靠刘伯温、徐达、李善长做皇帝。群雄逐鹿，这些人是他们的大脑、四肢和嘴巴。

刘伯温，明朝第一谋臣，朱元璋身边的"张良"。"三分天下诸葛亮，一统江山刘伯温"，他对于朱元璋的帝业成就功不可没。

徐达，明朝第一名将，军事才能不亚于韩信，朱元璋的一半江山都是他给打下来的。

李善长，人如萧何，建议朱元璋拜刘邦为师，成就帝业。

他们运筹帷幄，攻城拔寨，摧枯拉朽，奇计奇谋，终使得朱元璋力克所有对手，让天下姓"朱"。

除此之外，朱元璋身边还围绕有淮西二十四将，这些人都有勇有谋，有了他们，朱元璋南攻定远，收降山大王，一时间部队大振军威，才能与天下豪杰较短长。

另外，虹县壮士胡大海也来加入，其人猛力过人；常遇春来投，成为他朱元璋手下一辈子的先锋。

一般上战场搏命的军人都不大看得起操纵笔杆子的文士，但是朱元璋却并不是这样的，他很明白文人的作用。因此，无论文臣武将他都能做到礼遇有加。

所以，朱元璋有了这样的指导方针，他的身边就既不缺少人为他出力，又不缺少人为他劳心。

冯国用、冯国胜（冯胜）兄弟俩是第一批投奔朱元璋的文人，那时候朱元璋刚下定远，红巾军就像一群活土匪，没有远大志向，没有纪律约束，一切乱七八糟的，让人一看就是一群乌合之众。这两兄弟就跟朱元璋讲："行仁义，不杀人。"朱元璋一听有理，马上从善如流，照此整顿，红巾军才有了和以前迥然不同的气象。

朱元璋在这一点上和刘邦很像，都是善于纳谏，说得对了，马上听

从，不打折扣。大家于乱世中建功业，不就是想的能够有人实现自己的政治理想吗？所以他的这一从善如流的脾性很对文人的胃口，后来以刘伯温为首的"浙江四贤"也就是这么给吸引到他身边的。

正当朱元璋小有名气之时，他侄子朱文正和外甥李文忠也来投奔。

当年的李文忠年才12岁，牵着二舅的衣服不放，朱元璋很感动："外甥见舅，如见母也。"他想起了自己苦命的姐姐。然后，他就把他赐姓朱，当儿子来养。后来成为一员大将，为朱元璋立下汗马功劳。

朱文正这人看起来有点玩世不恭，其实也是一奇才，所以在和陈友谅最后决一死战的时候，把洪都要塞交给他来防守。属下们看着朱文正天天长醉不醒，醺醺然，陶陶然，很是担心。但是，朱文正竟然奇迹般地把要塞守住了，不是奇才是什么。

后来，干儿子越收越多，甚至多达二十多个，李文忠、沐英、朱文刚、平保儿等人，都在他的义子之列。

当然，朱元璋收义子不是随便收的，大多数时候无关感情，而是一种手段，这些干儿子都是朱元璋千挑万选，对他忠心耿耿的。刚开始是当贴身护卫，后来撒出去做监军，形同尚方宝剑。诸将哪个敢不听话，立斩不赦。

朱元璋很清楚义不理财，慈不掌兵，收干儿子是他"恩"的一面，他也有"威"的一面。攻下金陵后，他让主将把家眷留下，名为自己看护着，实则是当"人质"，这一防止将领叛变的妙招后来竟然成为制度，朱元璋是个天才。

多年经营，朱元璋终于手下谋臣似雨，猛将如云。

朱元璋会识人，知道谁擅长做什么，便让他去做什么；知道谁怎样才能发挥最大的作用，那就采取相应的手段让他发挥最大的作用；知道怎样才能和人有效地沟通，那就采取最有效的方式和人进行有效的沟通，所有这一切，都使得他对人才的使用得心应手。他的这一作法，和现代管理学本质相同，值得借鉴。

当然，任何一个成功的人都离不开人才，朱元璋以汉高祖刘邦为榜样，吸纳人才方面和刘邦相比也不逊色。在朱元璋手下，名将如云，谋士成堆。虽然这些人最后几乎被他杀得一干二净，毕竟他曾经拥有过。

那么，朱元璋是不是有一套用人秘籍呢？他用人的标准到底是怎样的呢？

其实，也没什么秘诀，朱元璋用人可以用鲁迅先生的一句话来概括：取其精华去其糟粕。譬如：勇猛的人，朱元璋就用他的勇敢，而不用他的暴躁；聪明的人，朱元璋就用他的计谋，而不用他的心眼；贪婪的人，朱元璋就以重利……

总的说来，朱元璋用人非常灵活，不同的人用不同的方式，真正做到因人而异、因地制宜。

这在我们今天来说，是非常值得借鉴的。取用人才，首先要投其所好，爱财的就广施金钱；好义的就施以大义；重情的就以情感人……只有这样，才能将人才聚拢到自己身边，才能让人才对自己死心塌地，为自己所用。

人作为社会中独立的个体，每个人都有各自不同的特点。有的人聪明；有的人愚笨；有的人善于理财，可以指导经济；有的人则可以将政治玩弄于鼓掌；还有的人则善于排兵布阵，冲锋打仗。随意根据人才的不同特点给予不同的任用，让他们在自己擅长的领域中自由的发挥，也

是用人之巧。

因此在我们用人的过程中，也是同样的道理，不能一条路走到黑，一种方法对待所有人。

我们现代的管理者，也要掌握这种巧妙用人的方法，真正做到因才适用，为自己的成功奠定一个稳固而强大的人才基础。

礼贤下士，尊重人才

人人都爱面子，这就是人维护自尊，渴望被别人尊重的需要，识人自重的表示，有着一技之长的人才，更是有自己的面子和虚荣，这时候，对人才的尊重就愈发显得重要，只有礼贤下士，让人才切实体会出自己的尊重，才能让人才甘心为自己所用。

朱元璋曾经说过："为天下者，譬如作大厦，大厦非一木所成，必聚才而后成，天下非一人独理，必选贤而后治。故为国得宝不如举贤。"因此，在其创业过程中，他非常善于网罗人才，据《明史·选举三》记载："太祖下金陵，辟儒士范祖干、叶仪。克婺州，召儒士许元、胡翰等日讲经史治道。克处州，征耆儒宋濂、刘基、章溢、叶琛至建康，创礼贤馆处之。"因此，在他的身边聚集了大批文臣武将，这些人对他忠心耿耿，出生入死，为朱元璋夺取江山立下了赫赫功勋。与此同时，朱元璋在条件允许的地方还设立学校，并"设文武二科取士之令，使有司劝谕民间秀士及智勇之人，以时勉学，俟开举之岁，充贡京师"。这些做法都体现了作为政治家和军事家的朱元璋的长远眼光。

每个时代都会有王者降生、君临天下，时代的洪流会创造出这样的人物。

朱元璋经过数年征战，几经波折，终于站在了南京城的脚下，拉开了人生中第一次攻打大城池这样经历的帷幕。在朱元璋的一生中，绝对相信的人屈指可数，冯国胜就是其中之一，朱元璋不但信任此人的军事天赋，也信任他对自己的绝对忠诚。所以，他把攻打南京一历史重任托付给冯国胜，一方面是出于对军师和徐达等诸将士能力的认可，更重要的方面是这时的朱元璋心中目标除了攻占南京之外，还考虑到了之后要长久治理这个大城市。

南京，是朱元璋征战的年岁里，得到的最大都城。对此，他激动之余，也深感迷茫，迷茫的是，他没有治理经验，虽然自己也没有读过军书，但在打仗方面，他靠着早年乞讨生涯里浪迹江湖的经验，结果是屡战屡胜。但这一次，他彻夜思索该如何治理这个城池时，却茫然了。不过，这可难不倒现在的朱元璋，经过这么多年的南征北战，他有一点重要的收获，那就是：自己做不到的许多事情，可以让其他人来帮自己做。而指派人员，不能都像原来委任冯国胜那样隆重，姑且派一个人就得了，他以为，冯国胜能加入他的阵地，是老天在帮自己，但人不能一味靠天助，还得自助，寻找更多能人志士，让更多人去大展拳脚。这时，朱元璋已然深刻地了解到，他应该自己主动寻找更多愿意为自己出一分力气的人。

把攻打南京的要事托付给冯国胜等将领之后，朱元璋便叫人传来沐英和吴良，让他们跟在自己身后，走出营帐，踏上一条小道登山而去。

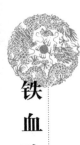

"我今天要带你们去攻打南京。"他笑呵呵地告诉二人，只见沐英和吴良两人似乎难以置信，便接着问他们："你们说，今天我能有这一片领地，谁居功至伟？"

"当然是元帅您呀。"沐英和吴良异口同声地说。

"唉，那除我以外还有谁？"

"我看，这要数常遇春将军了。"沐英回答。

"还有徐将军。"吴良接着说。

"那其他人呢，还有谁？"

"汤和将军、李文忠……"两个不停喊出武将的名字。

"你们两个，……怎么能忘了冯国胜军师呢？"朱元璋说，"要成大业，除了武将之外，文臣也是必不可少的。武将能帮我打天下，文臣能帮我治天下，两种人才相得益彰，都要重视，才能封疆定业，稳步发展。如今我的麾下武将众多，我还需要有才的文臣，南京一旦攻下，文臣就更为重要了。虎踞龙蟠，龙盘虎踞，虎、龙未得，怎么能安营扎寨？"

"是，是，是！"沐英与吴良附和道，也不知是否听懂了。朱元璋不搭理他们，接着说到："实话告诉你们，前面的山中有位智慧的谋臣，名叫李善长，是冯国胜在征战的闲暇时给我介绍的，我曾邀他同来拜请，他非要等南京攻下之后才肯来，这么一来他恐怕在吃醋。因为一提到李善长，他连连赞叹、自愧不如，这样的人正是我需要的谋士，我一天也等不下去了。"

这么偏僻的深山老林之中，真的有么厉害的人物吗？沐英和吴良都有些怀疑，朱元璋告诉他们："俗话说，英雄间惺惺相惜，军师所佩服的人，人品才干一定了得。"沐英听完，不禁问道："李善长此人既然能够潜心读书、治学，家境一定不错，为何不待在南京城内，偏偏要来到这荒山野岭的地方居住？"

"潜心苦读的人，家境也并不一定就很好。"朱元璋说，"李善长家里虽说有些田地，请了些长工，却也只是乡野间的家庭，从小刻苦读书，不免难以接受这些污浊的社会风气。现在天下动荡，无人肯慧眼识英雄，他也只有明哲保身，在这山里静待佳期了。"

话音未落，只见前方路上出现了两位白发老者，他们上前一步，尊敬地问道："元帅，两位小将军，风尘仆仆，远道而来，快随我去，我家主人早让我们在此恭候你们了。"

朱元璋和沐、吴二人都大吃一惊。

"你家主人？"

"是的，我家主人正是元帅您要寻访的人，他正家中恭候大驾。"

"他知道我今日要来？"

"如果不能算到自己身边将要发生的事，又以何知晓天下大事，又怎能劳烦元帅您亲自走一趟，前来拜访。"

朱元璋听到此话，大感神奇，不再接话，随着两位白发老者，跟着一条铺满青石的小路，径直前去。

走了一会儿，只见眼前出现了一所精巧的小四合院，周围翠绿一片树林，花香阵阵，鸟语群群，如果能隐居于此，不免又另一番生活情趣。"太平时日，能过上这样的生活，也不枉一世为人了。"朱元璋不免感慨道。

庭院中，有一男子正在专心致志地读书，听到脚步声，赶忙把书放

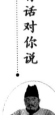

在身旁桌上，起身上前，说："承蒙各位大驾光临，蓬荜生辉，有失远迎，还请元帅恕罪。"

朱元璋连忙还礼于人，上前几步，仔细打量一番说话之人：只见此人年纪四十出头，五短身材，精神抖擞，目光如炬，浑身带有一番和善之气。"这就是我要找的臣子了。"朱元璋心想。

"能找到先生，真是天可怜见，我朱元璋三生有幸啊。"

李善长听到朱元璋口出此言，不免心生感动，问道："元帅放着攻占南京的头等大事不做，却跑来这深山老林中寻我，究竟为何？"

"南京已是囊中之物，取之甚易。"朱元璋说，"只是夺取南京之后，没有人能帮我分担治理，我踏入这乱世之中，是为天下百姓求福谋利，如果治理不当，岂不是违背了最初的心愿，所以，我才急忙赶来，一是为求治国安邦之道，二是请先生看在百姓处于水生火热中挣扎的情面上，肯助我一臂之力，为我出谋划策。"

"元帅真是太抬举了，我李善长何德何能，居然能让元帅如此厚爱。"李善长望着眼前这位看上去比自己小了十多岁的男人，心生佩服，不禁问道：

"元帅是濠州人士吧。"

"在下正是濠州乡下人。"

"濠州往东北不远，便是沛县，秦末大乱时，沛县的刘邦，花了五年就平定天下，成就了千秋霸业。"

"先生说的是汉高祖吧，他是何等雄才，我朱元璋又怎敢与他相比。"

"汉高祖也只是区区沛县乡下人。"李善长说，"我认为，他的能力远不及元帅您。"

"先生此言，实在让我惭愧不已，不敢当。"

"我说的全是肺腑之言，并无半点奉承虚夸。"李善长面色严肃，说，"我虽和元帅初次相见，但对元帅的事情也略知一二。您智解五河之围，勇夺元军粮草，可以说智勇双全。取定远、夺滁州、得濠州，均是军事上的上善之举；每次用兵家妙计夺城，却从来不欺压百姓，使得军心民意归顺于您，尤其是巢湖水师一站，引得曹良臣和部下心悦臣服，不战而屈人之兵，这些大事，哪一件都可与刘邦相提并论。"

这还是朱元璋带兵征战以来，第一次有人将他与一位千古明君做对比，并且说自己和他不相上下，早已听得热血沸腾，兴奋万千，表面却还是镇定地问李善长说："刘邦尚不及朱元璋，何以五年而成帝业？"

"刘邦自己都说，运筹帷帐之中，决胜千里之外这方面，自己不如张良；治理百姓，准备充足的粮草，使后方无忧这方面，自己不如萧何；而集结百万雄师，战必胜，攻必克，行军打仗的能力方面，自己不如韩信。这三个人都是旷世难得的天才神将，刘邦本身的才能不如他们，却懂得运用他们为自己处理，这便是他最后能铸成霸业的根本。而项羽连一个范增也容不下，当然不能打败刘邦了。"

"依先生之见，我的用人之道和刘邦相比，有何差距？"朱元璋问道。

"我看元帅用人帷幄之道，并不比刘邦逊色。"李善长说，"元帅自己带兵打仗的时间，也不过才一两年，现在您的文臣有冯国胜，武将有徐达、常遇春等人，也可以算是良将辈出了，元帅更让人佩服的是，可以礼贤下士，连我这种平庸之才，元帅都能亲自到访。而如今的天下，不满元朝政府所做所为，躲到深山老林之中，其实内有雄才伟略的

能人志士，又何止我一人呢？"

"先生可告之元璋，冯国胜、徐达，可与萧何、韩信相媲美？"

"我看，足可相提并论。"

"好在天可怜见，百姓苦于战火之中，上天看元璋势单力薄，特派人助我，请先生受元璋一拜。"朱元璋说罢便要给李善长跪下。李善长慌忙扶住他，说："元帅但有吩咐，尽管吩咐，我李善长一定照做，万万不可行此大礼。"

"君子一言，快马一鞭。"朱元璋喜出望外，"那我提个不情之请。希望先生随我一起下山，当我的张良。"

"李善长不敢和张良相比，元帅只需继续努力，在胸襟和才干方面，如今的各路起义军领导人都不是元帅的对手，天下迟早是元帅的囊中之物，我李善长三生有幸，能追随元帅左右，如此一来，也不枉我面壁三十余年了。"

说罢，两人相视而望，会心一笑，把彼此当做了知己。夜间赶路不便，俩人又有很多话要说，便在李善长的居所住下。李善长吩咐下人，准备了一桌丰盛的晚膳，用餐以后，朱元璋让沐英和吴良住在隔壁的房间，自己与李善长相居一室，彻夜倾谈，一夜未眠，直到天亮。李善长担心朱元璋一夜未睡，精神有所不快，便不再接话，佯作沉睡。或者是山里的空气过于清新，又许是和李善长彻夜对谈让朱元璋思绪万千，他竟然睡意全无，见李善长不再说话，便悄然起身，踏进了郁郁葱葱的庭院之中。

放眼望去，小院里珠翠满园，朱元璋呼吸着山间清甜的空气，耳边花香鸟语袭来，头脑异常活跃。一时思绪万千，涌上心头：他起初入濠州，只是为了寻条活路。后来，同其他的将军元帅相处久了，便越发觉得这些人也不过如此，最初的自卑慢慢转换成了自信，随着这种情绪的滋生，他不禁也想和这些人一较高下，分得一杯羹。这个疯狂的想法竟然能成真，这是朱元璋起初万万想不到的，他也成为了一路豪强。这个想法让他的野心进一步扩张，他要取胜——要打败所有元帅将军，当皇帝。"大丈夫当如是也！"这也成了他的豪言壮志。

第二天，吃过早餐之后，李善长打点了一番，就带领百余家丁，跟随朱元璋一起下山去了。

朱元璋凭借着对读书人的尊重，先是在初期结识了冯氏兄弟，接着又在南京城外招募了李善长，在自己打天下的初期，为自己奠定了人才的基础。在明朝的发展过程中，李善长的作用相当于汉高祖的宰相萧何，而朱元璋正是凭借着对人才的尊重，礼贤下士，才最终请到了这位隐居青山的学者，让他为自己所用，为自己打天下创造了功勋。

对人才的尊重和使用既体现了一个人的胸襟和气度，又体现了他的战略眼光。在如今这样一个知识经济时代，没有知识和人才实际上在某种程度上就意味着保守和落后。以创业为例，对于创业者来说，如果在创业之初就已经落后于时代，那么其创业的结局也就可想而知。因此，一个人真正要想有所作为，一定要有强烈的尊重知识、尊重人才的意识，并将其付诸行动，把众多的有识之士招揽至自己的麾下，充分发挥他们的积极性、创造性。只有在一群志同道合的人才协助之下，你的成功之路才会焕发出勃勃生机。

很多人知道尊重人才的重要性，不过，对于尊重人才这个问题，很多人在认识上还存在误区。其中比较常见的一种错误认识是：很多领导者都希望各类人才云集到自己的麾下，然而，一旦他们真正拥有了这些人才，他们又往往把人才当做装点门面的工具，甚至对人才随心所欲地使唤，把人才当成专属于自己的奴隶。这种做法实际上不是尊重人才，而是在压抑和埋没人才，对自己的发展毫无帮助。其实，真正尊重人才的人不仅会想方设法地把人才招揽自己的麾下，而且还要学会主动给各类人才提供充分发挥其特长的条件和空间，使他们的智慧得到充分展示，群策群力，集思广益，推动自己走向成功。

毫无疑问，朱元璋在这方面做得是非常出色的，也是非常成功的，也是我们当代领导者要努力借鉴的。

因材施用，避人之短

所谓因材施用就是要把人才放在合适的位置。善用人才的人一定会用人之长，避人之短，让人才的个人能力得到最大发挥。正确的用人方法就好像雕琢钻石，要顺着钻石的纹理进行切割，要尽最大的努力将钻石自身的美丽展示出来。

朱元璋在争夺天下的过程中，招揽了大批人才，他们为朱元璋打天下作出了重大贡献。而对于这些人才，因材施用、人尽其才则是朱元璋的用人之道。

在朱元璋的部下，有一位勇猛的将军叫常遇春。这也是个优点和缺点都非常突出的人。他的优点在于作战勇敢、身先士卒，打仗时常常号

跳争先，飚忽凌厉，颇具三国张飞之风；缺点是暴烈浮燥、勇而寡谋。

对于这员心腹大将的优点和缺点，朱元璋比任何人都清楚。不过，他并没有因为常遇春的缺点明显，就对他失去信任，相反，朱元璋不仅对他委以重任，而且对他格外关照，多次援引古代大将的经验教训，对常遇春予以规劝戒饬。公元1360年3月，朱元璋派常遇春从金华北进攻打杭州。临行之前，朱元璋再三告诫常遇春："克敌在勇，全胜在谋。昔关羽号万人敌，为吕蒙所破者，为无谋也，尔宜深戒之。"常遇春谨遵朱元璋的教导，其刚烈暴戾的脾气在出征的过程中有所收敛。

公元1364年7月，常遇春率军包围赣州，当时赣州的守城大将熊天瑞固守不降。依常遇春的脾气进行判断，他极有可能做出强攻硬取和在破城之日大开杀戒的冲动之举，因此朱元璋特意派中书省右司郎中汪广洋前去作常遇春的参谋，临行前，嘱咐汪广洋说："汝至赣，如城未下，可与遇春等言，熊天瑞困处孤城，犹笼禽阱兽，岂能逃逸？但恐城破之日，杀伤过多。要当以保全生民为心，一则可以为国家用，一则为未附者劝。且如汉将邓禹，不妄诛杀，但享高爵，子孙昌盛。此可为法。"五个月后，赣州城内弹尽粮绝，熊天瑞被迫投降。接受投降的大将常遇春果然没有做出任何惊扰百姓的举动，因此，朱元璋非常高兴，便遣使持谕褒奖。谓："今将军破敌不杀，捷书至，予甚为将军喜。虽曹彬之下江南，何以加之！将军能广宣威德，保全生灵，余深有赖焉。"

从上面这段史实中可以看出，朱元璋不仅具有识人之长的能力，而且更有容人之短的海量。他知道"金无足赤，人无完人"的道理，所以他善于用人之长，并且能够正视他人的短处，并在适当的时候采取一些防患于未然的措施，从而使事情完全按照自己所预计的方向发展。这就

是朱元璋的高明之处，这种因材施用的技巧不能不让人叹服。

在因材施用这方面，朱元璋是很有心得的，正因为他团结和重用了各种人才，才得以在群雄逐鹿中独占鳌头，完成了改朝换代的宏基伟业。一个人在发展过程中一定要时刻提醒自己：人才是走向成功的关键所在。领导者要想办法通过各种方式善待人才。事实上，大多数人才都不会提出非分之想，他们知道自己有几斤几两，作为领导者，要正视他们的要求，如果他们是"千里马"，那么他们的食量肯定比普通的马要大，因此，你要想让他们为你日行千里。就应该满足他们的食量。这是从物质层面上讲的。从心理层面上讲，如果他们真的是"千里马"，那么管理者就不能忽视他们的心理诉求，应该满足他们日行千里的愿望，而不是像对待普通的马那样，让他们徘徊在乡间小道上驮运东西，或者干脆将其养在马厩里，使其不能一展宏图。

朱元璋曾经说过："人之才智或有长于彼短于此者，若顾其短而摒其长，则天下之才难矣。"这句话就是说：每个人都有自己的长处和短处，只有善于用人之长的人，才能够得到对自己发展有用的人才，否则，如果一味对人才求全责备，抱怨天下无才，那么这样的人永远得不到事业上的好帮手。

从辩证的角度看，一个人有其长处，也就必然有其短处，清代诗人顾嗣协作有《杂兴》诗一首，此诗以浅显的语言说明了这个道理：

骏马能历险，犁田不如牛。

坚车能载重，渡河不如舟。

舍长以就短，智者难为谋。

生财贵适用，慎勿多苛求。

正像诗中所说的那样，每个人都有其出色的一面，也有其所不能的一面。对于追求成功的人而言，首先需要做到知人善任，要善于发现人才的长处，并应势利导，加以利用，而不能求全责备，只有这样，才能营造起人才济济的创业局面。

正确地鉴别和取舍人才，懂得因材施用，使人尽其才，才尽其用，这是一个团队成功的基本因素之一。如果管理者不能做到正确地使用人才，那么必将直接影响到团队的竞争力。在现代中国，还有不少的创业者、管理者对人才的重要性认识不足，在他们的脑海里，还残存着这样的落后观念：打仗亲兄弟，上阵父子兵。结果在一些企业里，管理者让自己的亲属占据企业内部的各个重要岗位，外部招聘来的员工即使有很强的能力也很难得到提拔和重用，他们得不到提拔和重用的原因很简单，就是因为他们与自己的老板没有血缘和姻亲关系。在这种压抑的工作氛围中，人才很容易流失，因为他们得不到信任，更没有足够的空间去发挥自己的才能，再加上对"皇亲国戚"们低劣的管理手段和浅薄的认识感到失望，他们自然不会把自己的未来和这样的老板联系在一起，因此离开也就成了必然的选择。当然，这样的家族企业要想脱颖而出，是非常困难的。

所以，对于管理者来说，要想使人才成为自己最值得依赖的资本，必须抛弃狭隘的家族观念、亲情观念，真正以德才兼备为原则去衡量人才，只要他们符合这个标准，无论他们来自哪里，无论是不是自己的亲戚，无论有无背景，无论他们在性格上是否存在某些缺陷，都要充分尊

重他们，善待他们，充分利用和发挥他们的长处，让他们为企业的发展添砖加瓦。事实上，世界上那些成功的管理者，无一不是善待人才、善于用人之长的典型。

用人多元化，优势互补

创业需要人才，但是在用人这个问题上，有些创业者在认识上还存在着明显的误区。他们片面强调只用中年人或者只用年轻人。用中年人的道理很简单，这些人成熟稳重、稳定性强，用年轻人的道理也很明显，年轻人思想活跃、创新意识强。虽然这两种选才方式都有一定的道理，但是，这两种选才方式也都有失偏颇。事实上，虽然从总体上看，处在一定年龄阶段的人会有这个年龄阶段的普遍心理状态，但是，任何一种心理状态都有其好的一面，有其不好的一面。如果一个创业团队只有中年人和年轻人，那么这个团队就不是一个完美的团队。所以，真正高明的创业者在选拔人才时，是不会拘泥于年龄的，他们会把符合人才标准的不同年龄阶段的人延揽至自己的麾下，使人才结构在年龄阶段上呈阶梯式分布状态，从而涵括各个年龄段的人才，这样做，对于增强整个团队的活力，减少团队的决策失误，提高团队的效率和战斗力，都非常有好处，更有利于团队后备人才的培养和团队的长远发展。

在这一点上，朱元璋的做法是很值得借鉴的。

在朱元璋的创业团队中，团队成员的年龄参差不齐，很多人都认为这只是一种偶然现象，其实，这是朱元璋的苦心安排。对此，朱元璋曾有过这样的论述，官吏过了50岁之后，虽然政务精通，业务熟练，但是精力却跟不上了，所以必须注意在民间挖掘年富力强、才学兼备的后起之秀，充实到中央和地方的各个部门中去。但是，这并不意味着他就此抛弃了老年官吏，而是要将老年官吏和青年官吏搭配使用，相辅相成。这样做，既可以发挥年轻人精力旺盛，富有活力的特点，又可以进一步发挥老年官吏的长处，以老带新，相得益彰。等那些老年官吏到退休的时候，年轻官吏的业务能力也锻炼出来了，不用担心人才断层的现象，从而保证有源源不断的人才为国家服务，如此一来，明朝的天下也可长治久安。

这样高瞻远瞩的论断对于有长远发展目标的创业者来说具有很大的启示意义。任何人都希望能够创立一个可以不断传承下去的产业，而能够保证产业得以传承的关键因素就是团队的人才。

虽然"空降兵"也会有一定的优势，但是，无论是对于企业文化的认同，还是对企业发展战略的理解，那些在本企业培养和成长起来的人才都会具有更明显的优势。因此，创业者在创业发展到一定阶段时，就要考虑人才的培养和衔接问题，以保证自己的事业后继有人。

当然，朱元璋在团队建设中，关于不同年龄阶段官员的使用上，还有更为高明的做法。其中之一就是朱元璋觉得老年官吏如果到了一定年龄就告老还乡实在有点可惜，为了进一步挖掘这些老年官吏的政治智慧，充分发挥他们的余热，朱元璋想出了一个高招，他把退休后的老臣大部分都安排到了翰林院，这样一来，既表达了自己对于这些老臣的礼遇和恩宠，又方便自己随时咨询。而这些老臣能够在优厚的待遇之下充

第五章
朱元璋对你说用人之道

当皇帝的顾问，继续发挥自己的余热，自然也十分高兴，真可谓两全其美；其二，在朱元璋东征西讨、南征北战的过程中，还下令所辖各州县官吏举荐人才，因此，当时在朱元璋的麾下，"民间俊秀年二十五以上、资性明敏、有学识才干者"不计其数。为了培养、锻炼合格的官员，朱元璋把他们"与年老者参用之"，以期"十年以后，老者休致，而少者已熟于事，如此则人才不乏，而官使得人"。

可见，朱元璋在团队建设中，非常重视后备人才的培养，同时，他也能够很好地利用已有的人才，并且真正做到人尽其材。

但是，在当今社会，有不少创业者已经到了必须要选择接班人的年龄，然而，摆在他们面前的现实却是没有人可以接他们的班。

在2006年5月18日，《经理人》杂志刊载了这样一篇文章，读过之后，很容易引起人们的深思。

"嘉华达化工清洗公司的总经理王羡丽已经几天没睡过好觉了，公司刚接了一个比较大的清洗项目，她得对各部门进行统筹调度，得与工程发包方一遍遍地就相关工作进行沟通，还得跑前跑后地进行工程指挥。这上千万的资产，就是她十几年来这样辛辛苦苦赚来的。

暗地里，她不止一次地黯然神伤。她已经快70岁了，以前的许多老熟人早已儿孙绕膝，在家里享受天伦之乐，她还得在外面不停地奔波。更重要的是，她明显地感到身体一天不如一天，如果她真的倒下了，谁来替她打理这个公司？她的两个儿子，一个多年前就在她的资助下全家移民加拿大，近两年，尽管她百般劝说，也没有丝毫回归的意思；另一个从小就与世无争，对经营企业和她的事业没有任何兴趣，甘愿过普通老百姓的小日子。她最疼爱的小儿子从小被娇生惯养，虽然表示愿意接她的班，把公司继续办下去，她也有意识地将他放在公司里锻炼了好几年，但在她看来，现在他还不具备接替她事业的能力。

人有旦夕祸福，每个人都会面临生老病死的问题，但这个健康经营的公司却仍然有着勃勃的生命力。这个已经在专业领域里有了一定知名度的企业，应该交给谁呢?这是王羡丽最大的心病。"

其实，在当今社会，有着王羡丽这样忧虑的人还有很多，造成这种现象的一个最重要的原因就是在创业过程中，创业者忽略了创业团队中创业成员的年龄搭配问题。随着创业者自己在创业过程中逐渐历练，有了更成熟的经商技巧之后，才在不经意间豁然发现，身边可以接替自己职位的年轻人根本就不存在。为了避免这个问题的产生，创业者应该在创业进行到一定阶段的时候，就考虑对接班人选的培养，给他们提供发挥才能的机会和空间，容忍他们所犯的一些小错误，让他们在风雨中接受洗礼，帮助他们以成熟的心态去看待竞争，培养他们在风险中捕捉机遇的能力。同时，对接班人选的选拔和培养应该引入竞争机制，如果单纯地在还没有经过实践检验的基础上就在心里默认了不二的人选，那么，这种培养结果显然带有极大的主观成分，很容易因此造成决策的失误，将自己苦心打造和经营的事业交到一个不堪重托的人手中。

当然，接班人的含义是广泛的，它不仅指团队最高领导人的接班人，还包括各部门的接班人。作为创业的领路人，创业者应在创业之初就开始考虑和着手建立培养人才的长效机制，把它贯彻到各部门中去，让年轻人和元老们都有施展才华的机会，并且让年轻人在元老们的帮助下能够尽快成长起来。如果在一个创业团队中，永远是一位老人在挑大梁，那么，这个团队的进取精神无疑会被大大削弱。相反，如果什么事

铁血建功

朱元璋有话对你说

都是年轻人说了算，那么又很容易出现策略上的冒进，从而造成欲速则不达的后果。

因此，在团队建设中，创业者应该有意识地强调和运用年龄互补定律来加强自己的团队建设。老年人有老年人的特长和短处，青年人有青年人的特长和短处，中年人有中年人的特长和短处。一句话，人无完人，任何年龄阶段的人都不可否认地具有一定的特长和短处。因此，一个好的人才结构，应该建立在合理的年龄结构的基础上，从这一点看，朱元璋的"老少参用"的多元化用人方针是很有道理的，而事实证明，这样做的效果甚好，值得后人借鉴。而且，从理论层面上讲，老少互补对于做好工作、开拓思路、处事稳妥、提高效率等都很有好处，意义深远。所以，在创业过程中，创业者在打理自己的团队建设时，不妨将"老少参用"作为一条原则来贯彻执行，这样做，将会使团队形成一个强大的、不间断的人才梯队，既不乏开拓进取的气象，又不失从容稳重的气度，这样的团队是让所有竞争对手都感到害怕的团队。

唯才是举，爱人惜才

事业发展到一定程度，就必须要建立一个团队来支持事业的发展，而随着事业不断发展壮大，就需要团队不断地吸纳更多的人才来为自己的事业服务。这就要我们在发展的过程中不拘一格，广纳人才。

经过多年的打拼，朱元璋终于有了一个相对稳定的政治环境，并在南京建都称帝，建立了明朝。明朝建立之初，朱元璋十分注重吸取各个历史朝代的治国成功之道。他常常把汉、唐时期治国良策借来一用。汉朝时期，他最为欣赏的就是陆贾所提出的"马上打天下，下马治天下"这条治国真理。

原淮西红巾军部队的一些武将认为大明的江山社稷是他们打下来的，理应由他们来充任各级官员，与皇帝分享天下，这本无可厚非。可是朱元璋想到这些人原本是小农或地主阶级出身，由于自身知识有限和局限性，往往就会导致他们一旦事有所成，就会贪图安逸，追求功名利禄。所以说只凭这些人是治理不好国家的，正如"马上打天下，下马治天下"的道理，如果两军相战，只有武夫才能抵挡得住，儒生将一无是用；而要说到朝廷内政的治理，武夫们就派不上用场了，这时就需要儒生来治理了。看来朱元璋还是相当精明的，他能透彻地分析出文臣武将作用的条件性、阶段性。

无论哪个朝代，治政之道都在于一个正确的治国方针、正确的指导方向。而这些方针、政策的提出又是来自于哪里呢？方针和政策都是由人来制定的，所以说关键还是在于人才的选拔与管理。小到一个地区，大到一个民族，一批优秀杰出的人才，会使百姓安居乐业，国家强盛，经济发展，这对于明朝初期的朱元璋来说是非常重要的，西域还未收复，蒙古还未统一，辽东也未归附，这都是待须解决的问题，然而没有一个良好稳定的基础，又怎能实现这些目标呢？所以说，朱元璋已经清楚地认识到，现在当务之急就是要招揽人才，壮大自身实力。

朱元璋在吸收人才和重用人才方面，一直向汉高祖刘邦、唐太宗李世民学习。

第五章 朱元璋对你说用人之道

首先，朱元璋对于那些前来投靠他的人才，从不求全责备，对他们采取用人不疑的方针，充分做到物尽其用，人尽其才，使他们的才能得以充分发挥。

早在攻下应天城之时，朱元璋就曾表示：如果将来可以建国称帝的话，一定要选取一些有真才实学的人来做官。朱元璋是这么说的，同时也是这么做的。他非常注重到处搜罗能人，挖掘人才，对于那些非常有才能的学者志士、民间俊杰，朱元璋常常是亲自下诏或者亲自登门拜访。比如，谋士刘基就是在朱元璋的三番五次的求见之下才出山的。朱元璋曾感慨地说："刘备不过三请诸葛亮，而我朱元璋竟然请了四次才得此贤才……"不过事实证明，朱元璋四请刘基并不是徒劳无益的。相反，要不是有刘基这样文武兼备之人，朱元璋是打不下大明的江山社稷的。

称吴王后，朱元璋也曾对侍臣们说过。现在元朝的江山已经让我打下了三分之二，如果能够得到一批能真正帮助我治理内政的贤能之士，辅佐本王治理天下，让我有充沛的精力整治朝政，大家群策群力，尽心做事，改革政治体制上的弊端，安抚百姓，稳固发展，重视生产。那我一定能够统一天下。

俗话说"国无仁贤，则国空虚"，朱元璋认为，不管是手下的败将，还是无名的小卒，只要是人才，都一律重用。因此，他每打一仗，每攻一城，都要求将领们时时刻刻留意当地的名儒雅士，并且注意保护手下所俘的敌方将领。确有能力者，他非但不杀，而且还要为其开脱，加以任用。

在建立明王朝，登基做帝之后，朱元璋的这种渴望就更加强烈了。

一次在总结历代政治得失时，朱元璋对大臣们说，记得尧、舜曾向四周的部落征寻人才，当他得到这些人才，重用之后，他的国家立即就兴盛强大了；而与之相反的是，殷纣王昏庸无能，不重用良臣比干、箕子和微子，反而把他们一个个弄得家破人亡，正是由于他失去了贤才的辅佐，才使得国家灭亡。再看周朝，由于周武王重用了周公、姜尚等人。使得周朝历经几百年都不衰。可见一个良才，一批贤才对于一个国家的重要性。

其次，为了更广泛地招揽人才。明朝建立以后，朱元璋曾恢复科举制度，开科取士。通过考试，从天下的读书人中选取优秀之才，授予官职，让他们为朝廷效力。对于那些散落在民间的名儒，朱元璋也非常重视。他认为，既然自己是天下人的君主，理当让天下所有的士子来扶持自己，为大明效力。

再次，朱元璋非常重视选贤任能。朱元璋治理国家，讲究精勤于政。然而这种勤政的极端表现在于对权力的支配，朱元璋特别崇尚这种权力的绝对性，也许担心别人管理不好国家，也许怕身边的大臣滥用职权，总之是不可轻易放权。然而，一个人的精力毕竟有限，对于管理一个国家而言，不可能事必躬亲。所以对于勤政的渴求自然地就转化为对于选贤任能的一种渴望。

朱元璋从元朝对文人的态度中吸取教训，重视选贤任能，鼓励儒生积极投靠。

同多数的开国君王一样，朱元璋非常注重总结前朝的失败教训，并常常以此为鉴来教育臣下和后代。朱元璋认为，元朝初期的政治还是相对开明的，尽管他们对汉人抱有歧视心态，但并没有后期那样严重。虽

然蒙族的官员们对于汉人做官竭力反对，但忽必烈及后代几位君王看重汉人忠心为国，尽心辅佐皇帝，所以力排众议，坚持任用汉族的官员。使得元朝初期，汉、蒙两族能和平共处，还没有发展到互不相容的地步。由于对汉人中贤能之才的任用，也使得元朝初期建设有比较大的成效。可是到了后来，由于蒙古贵族内部争权夺利，结党营私，对汉人尤其是儒生们都表现出强烈排斥的心理和行为，因而使得这些儒生们纷纷隐居起来。

朱元璋为了巩固统治地位，急需儒生志士的辅佐。可是由于受到元朝长期轻儒的影响，这些儒生们都变得非常谨慎，淡泊名利也好，不愿为明朝出力也罢，总之，都不愿出来做官。对于急需人才的朱元璋来说，只得下了一道旨意，逼迫那些终日隐居的儒士出来做官，圣旨的大概意思是：既然你不愿接受明朝的官职，那你就有谋反的嫌疑，就要被处死。可见朱元璋求贤若渴、招揽能人的急切心理已经到了何种程度。

朱元璋深深地明白人才对于治理国家的重要性，所以他唯才是举，爱人惜才。

当初濠州起家时，朱元璋就曾遇到冯国用、冯国胜兄弟和李善长这样的能人，使得他深知学问的重要性和宝贵之处。后来在他攻下太平、应天、婺州等地后，这些江南名城的贤才们又使他受益匪浅。再后来，他将婺州改为金华府后，整日和一群儒界名流们在中书分省会餐，由两名儒士轮流讲解经书和历史，他们无疑就成了朱元璋的老师，当然，这也让他受益匪浅。而其中学得最多就是如何得天下圣贤之士及如何用人的学问。

江西乐平名士许瑗，曾在元末的两次科考中考取第一名。当朱元璋向他请教治国之策时，他奉劝朱元璋的第一句话便是："非广揽英雄，难以成功。"

自从儒生李善长等人加入其阵营后，朱元璋对儒家思想产生了更深一层的理解。他对儒家思想做了重新审视，清楚地认识到：自从孔子的学说被汉朝承认后。儒家学说就成了封建专制统治者统治人民的工具，而且在这之后的各个朝代无不效法，并且还把孔孟之道提升到国家意志的高度，加以积极宣传和提倡。既然自己要得天下、坐天下，统治阶级的理论工具必然少不了，通过它可以使得天下的百姓都顺从自己。朱元璋为了表明这种尊重儒生的态度，他经常入孔庙祭祖。

朱元璋对儒生的认识改变后，越来越注意对儒生的吸纳，积极地为自己的事业铺路。早在攻打应天之时，朱元璋就曾表明过这种尊儒的态度。攻下应天之后，朱元璋派人张贴告示，广招儒生，引得名儒夏煜、孙炎、杨宪等十几个儒生前来投靠，消息一经传出，在应天城引起了不小的震动。后来，随着秦从龙、宋濂、刘基、叶琛、章溢等人的到来。朱元璋还专门为他们盖了礼贤馆，让这些名儒住进去，并加以优待，以招揽天下更多的儒生才子的投靠。

为了鼓励儒生的积极投靠，打消他们怕为红巾军所不容的顾虑，朱元璋采取了很多方法。

他亲自下了一道指令，指令的大概意思是，我会对你们以诚相待，并不会计较你们以前的过错而怪罪你们。指令一下，使得被元朝政治压抑已久的儒生们大为感动，纷纷来投。

朱元璋也效仿唐太宗的做法，对这些来投的人，通过考察他们的德行与能力，把他们安排到合适的位置。熟悉历史，能够出谋划策的人，便成为他的顾问，搬进礼贤馆，以便朱元璋随时向他们请教；擅长行政管理的，则派到各地去治理内政；对兵法深有研究，能够运筹帷幄，决胜千里的，统统授予将官之职，派他们统兵作战。总之是尽力做到人尽其才。

最后，朱元璋还大力推行举荐制度。在明朝建立之后，朝廷对于贤才的需求达到了一个高峰状态。随着各级官僚机构的设置和完善，需要任用大批的官员治理天下。因此，怎样选择官员就成了明王朝的当务之急。于是朱元璋开始大规模地推行荐举制。

洪武元年（1368年），徐达引兵占领山东后，命令所在各州郡官员必须访取贤才和闲居在家的旧官吏，并派人把他们的资料整理收集后送往应天，让朱元璋亲自过目，加以筛任。同年四月，朱元璋又派人到河南，命徐达征召各地儒士京师应天，朱元璋亲自接见了他们，并授予官职，给予俸禄。

为了打消人们的疑虑，八月，朱元璋又下令说："凡是有才能的人，如果因战乱而躲藏起来的，各地官吏必须加紧寻访，如实禀报。对这些儒士们一定要讲究礼貌，不得无理。尽量把他们争取过来。对于那些身体不适的儒生、义士，各级官吏必须尊重他们个人的意见，加以重视。这些人的入仕一事，将由中书省具体办理。"

即使是在科举制实行后，朱元璋也从未放松过举荐制的运用。洪武三年（1370年）二月，朱元璋还曾诏谕全国官民，对于那些隐居山林或是被压在社会底层的贤才能人，现在都应举荐过来。为了让各地的下级官员们重视这个诏谕，他在六月份还专门下了一道圣谕，令各地的官员加紧寻访贤人雅士，不得有怠懒之心。

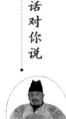

铁血建功

朱元璋有话对你说

由于举荐制度得到了很好的推广，大量的真贤实才被举荐到明朝的宫廷里做了高官。被举荐的人数，也逐年上升。可见明初的选用人才，不仅是多途并用、千方百计，而且科举与保举相结合，荐举与招聘有时也与考试结合，其目的是保证获得德才兼备的人选。

人才是事业发展的基石，在现今社会，竞争日益激烈，在竞争中，人才的重要性越来越得到人们的普遍认同。中国的历代帝王在总结成功的经验时，都把重用人才放在首位。朱元璋在这一点上深受启发。

我们当代人想要发展，想要在竞争中获得成功，同样离不开人才的力量。单打独斗的时代早就已经过去了，我们在发展的道路要注重结交人才，等到有了自己的发展团队之后，就要注重吸纳人才，只有将人才的能量发挥出来，才能获得成功。

第六章

朱元璋对你说 气度

　　人们常说："将军额上能跑马，宰相肚里可撑船。"由此可见，成功人士都是气度非凡的。一个人的气度可以决定他做事的眼光，做事的眼光则决定了做事的格局，而格局则会决定最终的成败。所以说，个人气度，最终决定了一个人的成就大小。

铁血建功

朱元璋有话对你说

个人气度　决定成败

气度也可以说是一个人能否成就大事的根本。一个人的气度，决定了他一生的成就，气度非凡的人往往能够取得成功，而气度不足的人往往怨天尤人，难成大器。所以在我们追求成功的过程中，一定要注意培养自己的气度，让自己心胸开阔，只有这样，我们才能获得成功。

朱元璋的家族背景十分贫寒，根基也不牢固，在中国的历史长河里，还没有哪位开国皇帝的身价比朱元璋更加卑微、更加潦倒。但是，他却借着自己的聪明才干，借着自己的宽阔胸襟，从一无所有、白手起家，屡战屡胜，问鼎中原。最终打下了大明王朝的江山，建立了统治中国270余年的强盛帝国。

朱元璋获得成功的事例，彻底打破了中国封建社会中，皇帝应该出身高贵的门第之见。他的奋斗历程，即使对今天白手起家的创业人士来说，也有深刻的启示意义：即便你手里资金不是非常雄厚，即便你没有高等院校的毕业证书，只要你敢于拼搏，同样可以获得成功。人生在世，没有人能绝对处于逆境，处在逆境之中的人，如果能像朱元璋一样果断，不懈奋斗，忍耐坚强，就能够看到一线曙光，取得最终的成功。

朱元璋是一位既有尊贵的霸气，又不乏流氓的匪气于一身的农民天子，清代的著名史学家赵翼曾评论道："盖明祖一人，圣贤、豪杰、盗贼之性，实兼而有之者也。"事实也的确如此，历史评论这位一生传奇的皇帝时，是没有统一的说法，好坏参半：有人津津乐道地讨论他跌宕起伏的奋斗经历，觉得他不愧是一位博学多才的开国明君。但也有人不屑于他阴险毒辣的手段，认为他开创的八股文制度，扼杀了中国书生的创造能力，使知识分子思想封闭，完全成为了封建统治者的忠实仆人；还有人认为，朱元璋大肆诛杀开国能臣，手段极尽残忍，是一名典型的暴君；但是也有人认为，朱元璋在勤政的时间里，开创的一系列政策对后世影响颇深，总之，他身上的事情真是三天三夜都说不完。

虽然人们的看法不尽相同，但是，有一点是值得肯定的，那就是：朱元璋作为中国历史上家喻户晓的传奇人物，其奇特的个性、传奇的经历、铁腕的治国驭人之术，历来都是喜欢探古访幽和以史为鉴者猎奇和研究的对象。

那么，是什么成就了朱元璋这位出身寒微的贫民皇帝，使他完成了由一个饥寒交迫的孤儿，到形同乞丐的游方僧，再到戎马倥偬的军事统帅，最后到君临天下的角色转变的呢？这里面首先涉及一个励志与机遇的问题。正所谓：燕雀安知鸿鹄之志？虽然生于寒门，但是，苦难的童年经历磨练出朱元璋钢铁般坚强的意志；游方僧的生活虽然非常清苦，却也在一定程度上开阔了朱元璋的视野；更为重要的是，元末，社会矛盾和阶级矛盾十分尖锐，历史为朱元璋铺设出一个成为英雄的舞台。当然，生逢当时的乱世，人们所面对的机遇是一样的，关键是朱元璋能够把握住机遇，自我激励，终于成为了强者中的强者。

然而，即使在今天，遥想当年朱元璋艰辛的创业史，其成功之路也多少有些令人不可思议。试想，当年有多少王侯将相权倾一时，在

他们眼里，哪会留意一个饿着肚子乞讨的苦孩子？又有多少拥兵自重的割据势力忙于互相攻伐，他们更不会想到，有一天，一位名不见经传的小人物会成为一统天下的君主，所有的人都要对这个曾经的小人物顶礼膜拜！

纵观朱元璋之所以取得成功的各种因素中，最重要的则是他的气度不凡，胸襟开阔。一个人的胸襟十分狭隘，缺乏气量，绝对是成就不了丰功伟业的。一个人的胸襟和气量的大小，往往要通过能否公平处理公私、你我、平衡眼前的蝇头小利和今后的长久利益而衡量。朱元璋在编入郭子兴的麾下后，并没有立刻平步青云，而是从最底层的小兵开始做起。经过一个月的磨练，才被提升为九夫长、后来经过努力又升任百夫，最后才成为亲兵。当他还是个小卒时，他绝对听从指挥，骁勇善战，有勇有谋，从不抢功，所以在军营中很受人欢迎，各个阶层的士兵、将领都对他赞颂有加。当他升官之后，身先士卒，和下属荣辱与共，很会理解底下人的辛酸之处，每次的战利品都平均分配。所以，在军营中他素有"志意廓然"的美名。为人处世得体大方，待人接物客观公平，做事情能灵活善变、从不拘泥小节。总之，在朱元璋的身上有着成功者所共存的大将之风。

二是"有智略"。朱元璋平时谨慎谦虚，从不妄自菲薄，所以在别人的眼里他是一个高深的人。在讨论事情的时候，每当有他擅长之处，一定侃侃而谈，从善如流，让人觉得他每次总能抓住要害。因此，升任九夫长后，郭子兴一有疑惑，就经常找来朱元璋一起讨论、共商大计，而朱元璋的聪明才干也在这时显现无疑，每次出一些得体的好点子。后来，郭子兴几乎对他是言听计从，十分信任，而他给出的计策在实战中确实很有成效。郭子兴原来所倚重的人是其内弟张天佑和自己的两个儿子郭天叙、郭天爵等，自从得了朱元璋以后，郭子兴才真正感到自己如虎添翼，一时一刻也离不开他，"甚见亲爱"。

三是勇敢果决。关于朱元璋的勇敢战斗精神，文献上有两段可以互为补充的具体纪录。一为《明太祖实录》，谓："子兴……凡有攻讨，即命以往，往辄胜，子兴由是兵益盛。"二为查继佐的《罪惟录》，谓："子兴骁勇善战，每出，太祖从旁翼卫，跳荡无前，斩首获生过当。"《明史·郭子兴传》上也记载，朱元璋在投奔郭子兴后，屡战屡胜，屡建军功，但没有记录确切获胜的战役。总之，朱元璋在作战的时候果敢勇武，屡建奇功，无人可比。在郭子兴亲征沙场的时候，朱元璋每次争做帅前卒，替他保驾护航。让郭子兴既能稳稳掌握作战成功的喜悦感，又能确保自身的安全。当主帅在军营中留守，命令属下各自去征战的时候，也只有朱元璋一人保持"往辄胜"的记录，没有打过一场败仗；不仅斩杀了最多的敌兵，而且还生擒了许多战俘，这样，郭子兴的起义军队伍便迅速壮大起来。这样的英勇无畏的青年，怎能不叫人格外喜爱呢？

天下事在众目睽睽之下，想碰运气侥幸或轻易取胜，是绝对不可能有的。非常的成功必然来自非常的努力。朱元璋之所以能在短短的时间内博得郭子兴的特别宠信，完全是由于他以仁的宽广胸怀、出色的智谋和英勇无畏的战斗精神，彻底征服了人们的心，彻底征服了郭子兴及其周围所有人的心。英雄是不会沉沦的。像朱元璋这样的光华四射的英才，不仅为郭子兴及其周围的所有的人所叹服，连一向与郭子兴不和的孙德崖等四帅，也早已关注不已。

一个人的气度可以决定他做事的格局，在如今的工作和生活里，我们总要和各种各样的人交往，不论是家人还是朋友，同事或者对手，每个人的性格、爱好和生活环境，成长经历不同，所受的教育也有差别，个人习惯也相差甚远。每个人不可能处于同一个节奏里面，事事不可能都顺我们的心意。如果只是因为不熟悉某个人，拒绝与他交往，那用不了多久，你就会被社会隔绝，成为孤家寡人。

古书中曾记载：孟子与梁惠王的儿子襄王第一次见面后，离开王宫后便偷偷地对人说："望之不似人君，就之而不见所畏焉。"这句话的意思是：远观襄王，就能看出他完全没有一国之君的气度，细细一看更是发现，他为人毫不谦虚，也毫不戒慎谨慎，可见他绝对是一个气度狭小的人。关于这一点，南怀瑾先生就曾感慨到："有德之人的地位越高，为人处事就应该越发谨慎小心……这个道理不但适用于一国之君，让他们应该戒慎恐惧，即使身为一介平民，也应该谨守着小心做人的教条度日，若是不这样，稍稍有丝毫成就，就骄傲气躁。稍微赚了一丁点小钱，就兴奋得夜不能寐，这种人身上的气质就叫做'器小易盈'，就好比如一个容量不大的小酒杯，稍微倒一点酒就很快溢出了瓶身，像这样的人，不可能有很大的作为。"南先生认为，古人修身养性，应该订立"海纳百川，有容乃大；壁立千仞，无欲则刚"的目标；那些鼠目寸光、稍微有一点成就就骄傲自满的人，是不能成大事的。

如果一个人想要有更好的发展，一定要注重对自身气度的培养。当今社会，有很多人都是独生子女，缺乏社会经验等原因，大多都比较自私，气量也不大。正因为如此，就要更加注重气度的养成，才能脱颖而出，获得成功。

一个人心理的承受能力和这个人的气量是平衡的，有些人只喜欢听顺耳的好话，一旦别人在自己面前好话说尽，他的心里面就受用无比。但是有人说了自己丁点不是，那么他的心里就会十分记恨，总是想方设法地要报复这个人。这种人往往是独生子女，需要打磨。

气量的升华，需要不断积累经验，积累或是成功、或是失败的经验，吸取能量，积攒经历。除此之外，有时还需要一些理性因素。

心胸宽广　以德服人

一个人的个人气度，往往体现在宽广的胸襟和高尚的道德，只有具有了这两点，才能够凭借自己的个人魅力征服他人，广阔的胸襟和高尚的道德可以帮助自己建立良好的人际关系，从而为自己事业的发展建立良好的人脉资源，帮助自己走向成功。

在古代的封建社会，皇帝的爱好，绝不是一个人的问题，即皇帝的喜好会对全国臣民产生广泛影响，不可不慎。朱元璋有鉴于此，曾这样说："人君不能无好尚，要当慎之。盖好功，则贪名者进；好财，则言利者进；好术，则游谈者进；好谀，则巧佞者进。夫偏于所好者，鲜有不累其心。故好功不如好德，好财不如好廉，好术不如好信，好谀不如好直。夫好得其正，未有不治，好失其正，未有不乱，所以不可不慎也。"

这些"正"与"不正"之利弊，朱元璋把它们一一列举出来，作明显对照，并和国家的"治"与"乱"紧密联系在一起，说明他的所好就是好在"正"的几个表现。

当了皇帝之后，朱元璋个人认为他仍然是好德的，被杀者都该杀，被刑者也皆自找罪过。在一次谈论此事时，朱元璋曾说："诸衙门官到任，朕尝开谕：无作非为，我让你祖上荣耀，让你妻子有好的生活，就是想让你帮我治理天下，为民造福，立名于天地间千万年不朽，永为贤良。可是，有几个人是按我说的做的呢？到任之际，掌钱谷者盗钱谷，掌刑名者出入刑名，使冤者不伸，枉者不理，致使衔冤无诉。纵然百姓欲诉，却是下情不能上达……"

为了表明自己好廉不好财，朱元璋以宋代皇帝为例。宋太宗曾见到左藏库"金帛如山"，顿生好意，命分左藏北库为内藏库，并以讲武殿后之封桩库归其所属，改封桩库为景福内库。还对左右的大臣说："朕置内库，是担心司计之臣不能节约，什么时候用度上缺钱了，从我这里出就行，不用再跟百姓征敛了。钱财我是不爱的。"

朱元璋不赞赏宋太宗好财的行为。他对侍臣说："人君以四海为家，天下之财供天下之用，哪有公私之别？太宗家之贤君，亦复如此！如汉灵帝之西园，唐德宗之琼林、大盈库，不必深责。宋自乾德、开宝以来，有司计度之所缺者，必从内库支出，待课赋有余则偿还。凡有司用度，实际上是国家经费，缺而许贷，贷而复偿，这同商贾没什么不同……"

朱元璋作为一国之君，其应有的享受固然不少。从其所好来看，的确个人好财不如好廉，他的好廉是在历史上出了名的。据历史记载，朱元璋个人既没有遍置皇庄，也没有另设内藏宝库。他曾说："我爱种花木，但它们要结实可食用，不结果实的不种。如桑、枣、柿、栗，及棕

朱元璋像

树、漆树尤其要用心栽种，因为这都是有益于公私之用的花木。花园亭馆、珍禽异兽无益者，并不留心。"

在用人上，朱元璋惩治了大批贪官污吏，而对廉能者却另眼相待。有个奴隶出身的王兴宗，先被任命为金华知县，李善长、李文忠等皆以为他地位卑贱，不可派为牧民之官，朱元璋坚持己见，并说明理由："兴宗从我久，勤廉能断，儒生法吏莫失也。"三年之后，王兴宗果然以治行闻名，升为南昌通判、嵩州知州。当时正赶上籍民为军，兴宗提出异议，认为元末聚民为兵，散则仍为民。现在不同了，军与民已分，如籍民为兵，将会没有民了，无民向谁征税？朱元璋觉得他说的有理，便接受了他的意见。

"术"，在中国古代是指国君驾驭群臣的一种方法或手段。先秦著名的思想家韩非子就把这个"术"讲得很透彻。从国君来说，他认为"术"是"因任而接官，循名而资实，操生杀之柄，课群臣之能者也"。

按韩非子的解释，"术"是国君应该掌握的，"君无术则弊于上"，即国君无"术"就要被蒙蔽。那样，打了胜仗的大臣的地位就会越发尊贵，这些大臣扩大了地盘，就会威胁国君的统治的地位。所以国君无"术"，有什么好东西也会白白送给人臣。

朱元璋欲控制群臣，不愿意受到蒙蔽，与历代帝王没有什么不同。但是他在治国时，不强调好术，而主张好信，原因在于他认为，只用术达不到预期的效果。他认为君臣相处，最重要的是要忠诚互信。

范常是一位敢于在朱元璋面前说真话的人，他曾提出攻城略地时最好不要造成太大的伤亡。无论在地方上为官，还是在朝廷上议政，他都能体察皇帝的心意。因此，朱元璋对他非常满意。同桌共饮时，列坐赋诗为乐，他作得快，语言率真。朱元璋笑着说："老范诗质朴，殊似其为人也。"范常越发得到信任，被提升为起居注官。

宋濂更是一位"诚谨"的学者。他在朱元璋身边20来年，从不会说别人坏话，所有召问，具以实对。

茹太素上万言书时，朱元璋大怒，问廷臣，有的指着书说："此不敬，此诽谤非法。"问宋濂，他则完全是另一种态度，他说："他这是对陛下忠心。陛下应先看他说了什么，如果不对，再去惩罚他。"

过了一会儿，朱元璋再看茹太素的万言书，发现其中有可采纳的意见。于是把廷臣都召来说："朕闻太上为圣，其次为贤，其次为君子。宋濂事朕十多年，未尝有一言之伪，诮一人之短，始终无二，非止君子，可谓贤矣。"

从对宋濂的态度上看，朱元璋有把君臣关系建立在忠诚之上的愿望。如御史、给事中等官，都属于皇帝耳目之官，但朱元璋提醒他们，做事要公正，反映情况要实事求是。

洪武二年，巡按松江以欺隐官罪名，逮捕190多人到京师，其中许多人称自己是被冤枉的，侍书侍御史文原吉等把此事通报给朱元璋，审问结果的确有被冤枉的。

朱元璋严厉斥责说："御史，耳目之官，应当与民辨明是非曲直，不使冤案发生，方为称职，现在你为御史，不能为民伸冤理枉，反陷民于无辜，你是干什么的？"

随后，朱元璋下令把逮捕的人全释放了。这些事，都体现了朱元璋宽广的胸怀。

人的胸怀要由自身的气量和抱负而决定。在现实社会里面，由于每个人的性格不同，阅历也不尽相同，这些人的抱负和气量自然也不同。有些人鼠目寸光，得失心很重，总在自己的小世界里挣扎，对什么都斤斤计较，爱慕虚荣，内心脆弱；有些人则不同，他们大志于胸，把全民族的兴衰荣辱系于一身，愿意为了国家的利益而奋斗牺牲自己的全部，他们心胸开阔，虚怀若谷。

法国著名作家雨果曾有一句名言："世界上最宽阔的是海洋，比海洋更宽阔的是天空，比天空更宽阔的是人的心灵。"如果你有宽广的胸襟，对于自己人际关系的建立有很好的基础，如果你周围的人能为你的成功带来助力，又会直接让你的工作、学习、生活环境带来和谐的体验。

这个世界上有三种人，一种人仗势欺负别人，一种人持才压倒对手，最后一种是以德让其敌人和友人都心悦诚服。以德服人，上善若水，千百年来，多少君子所追求这样的胸怀，朱元璋就大力主张如此处事，他也的确做到了，所以后世对于他的这种做法也是啧啧赞颂。他"好功不如好德"、"好术不如好信"的信条，也被后世的许多帝王奉为人生座右铭。

而其余两种人里，第一种总认为自己的地位比周围的人高出一等，总是站在高处对别人的工作指手划脚，自然得不到其他人的帮助，想获得成功好比登天一般难。第二种人认为自己的学识高、才气高，咄咄逼人，不给别人留情面。忘记了古语有曰"闻道有先后，术业有专攻"，"三人行必有我师"，这种拒人于千里之外的态度注定使自己难以获得进步，固步自封也就难以取得成就。只有以德服人者方能让人被自己的品格所吸引，团结起来，而且周围的人也不愿意以怨报德，必定会竭尽所能地帮助他，让他最终登上成功的顶峰。团结一切可以团结到的人，拥有这样的胸怀，才能够获得成功。

气度宽广　目光长远

一个人的个人气度决定了他看世界的眼光，气度狭隘的人，视野也会变得狭隘，鼠目寸光，难以获得发展；而一个气度恢弘的人，他的视野将会覆盖更广阔的范围，长远的目光带来的肯定是更多的发展机会和更加长远的发展道路。因此，可以说，只有气度宽广，目光长远的人，才能获得更好的发展。

前面我们已经说过，在朱元璋投靠郭子兴的那段时期，当时的几个头领矛盾重重，郭子兴被赵均用所抓，然后朱元璋去营救郭子兴。从这件事，可以看到朱元璋的大义、大勇、大智，这正是成大事者所必备的素质。朱元璋救了郭子兴，实际上也是救了自己。当时他还没有自己的独立势力，地位也不十分稳固，倘若坐视郭子兴被杀而不救，他也就失去了靠山，不但前途难卜，而且性命堪忧。

朱元璋内心有着崇高的理想，他久居兵营之中，慢慢对行军打仗之外的待人处世也越来越得心应手，而且深觉这些所谓领导者治军无方，也不能运筹帷幄，绝对不是成大事者。同时，他还远瞻到，如今正是群雄割据、战乱四起的时代，如果不能有一支属于自己的力量，不能招揽一些追随自己的能人异士，想要有出头之日很是困难。

所以，就像前章讲的那样，为了扩展自己的实力，朱元璋花了不少的心血。他清楚地认识到，想要成功，就必须牢牢地掌控一支属于自己的队伍。在成王败寇的岁月里，只保证自己有一片小势力，不被别的力量所吞并，是绝对不够的，还得要招降、吞并其他的各种武装势力、武装力量，才能让自己的力量一天天壮大，杜绝别人前来进犯的胆量。所以，在训练兵士方面，他呕心沥血，使得自己的军队越来越强盛，这也使自己的势力不断扩大，从而良性发展。在对于未来发展的认识上，朱元璋可谓是慧眼独具，认识周全。

在这里不难发现，在郭子兴部下时的朱元璋已经从眼光、气度、谋略方面与其他的起义军将领显示出了明显的区别，而且这种眼光、气度、谋略等等具体地体现在他对军队行军打仗和日常管理之上。比如他从来不让自己的军队扰民；注意军功，赏罚分明；注意人才的使用，使得人尽其才，物尽其用，并且也没有其他起义军将领所固存的那种嫉贤妒能的致命缺陷。

目光长远要有常人所没有的气度。相传孔子有一个弟子，在一次救了一个落水的人之后，接受了人家一头牛的酬谢。这件事引起了大家

的批评，因为这显得该弟子贪心，可是孔子却很温和地鼓励了弟子的做法。另一弟子在其他国家赎回了一名沦为奴隶的本国人，但是没有向政府报账，以收回自己所付出的赎金。众人都赞扬他的无私行为，但是孔子却在事后批评了这名学生。

同样的事情，在平常人和孔子看来确实是两种不同的行为，这是因为孔子目光长远。首先，第一个弟子如果不接受谢礼，那么可能会让自己受到赞扬，但是从长远来看，这却打击了人们救人的行为，而接受谢礼之后，在一定程度上则鼓励了人们的救人行为。同样的道理，后一个学生的行为就在一定程度上阻碍到以后在国外的人救助本国人的意愿，因为他们的利益不一定会得到回报。

秦始皇也是目光长远的成功者，水工郑国作为间谍，修建郑国渠的目的是要消耗秦国的经济，但秦始皇则目光长远，他看到了郑国渠修建成功会带给秦国农业的巨大利益，于是在发现了郑国的间谍身份之后，还是选择让他继续修建郑国渠。郑国渠修建成功后，大大增加了秦国的农业水利，最终不但没有消耗经济，反而带动了经济的发展。

当代人在发展自己的过程中，也要将气度放宽一点，目光放长远一点，只有这样，才能获得更大的成功。

抱朴守拙　能屈能伸

人生在世，许多时候都不能随心所欲，这就要我们能够在身处逆境的时候，能够做到暂时的韬光养晦，等待时机。能屈能伸同样是成功人士的一种气度。

朱元璋的一生，是能谋善断的一生，是屈伸有度的一生，是该进的时候进，该退的时候退，火候拿捏永远那么到位，是能够在军事和政治斗争中，因为屈伸有度，因而立于不败之地的一生。

因为他的冷静，劝止了郭子兴滁州称王；因为他的屈忍，换回了滁州城。

从前面已经介绍的我们可以知道，在朱元璋投奔郭子兴后，朱元璋治军有方，威信日益提高。树大招风，很快就有人在郭子兴面前讲朱元璋的坏话。从此，郭子兴对待朱元璋的态度发生了变化。有一次，郭子兴还借故将朱元璋禁闭起来，不给饭食，马夫人只好偷偷给他送食物充饥。

郭子兴有着忌才护短的禀性，朱元璋深知这一点，所以处处谨慎，不敢流露出一丝不满。后来，一个姓任的将领又诬告朱元璋作战不力，郭子兴让朱元璋同任某一同出战，任某出城不久便中箭折回，朱元璋却奋勇杀敌，胜利凯旋。经过这次考验，郭子兴感到有点愧疚，认为自己不应该提防这个善于作战的女婿。从这可以看出朱元璋的能屈能伸的气量。

就在朱元璋扩充自己的实力之时，六合之战爆发了，元朝从此再也无法抵抗农民军的进攻，群雄之间的竞争更加激烈了。朱元璋很想抓住时机，向外扩张势力，但他还不能独行，只好借助老丈人的力量。

有一天，朱元璋对郭子兴说："我们得向外扩大势力，现在滁州城小，人口又多，不是久居之地。"

铁血建功

朱元璋有话对你说

郭子兴问："你有何良策？"

"我们不出兵，别人就会来算计我们。不取城池，就谈不上发展呀！"

"是的，我也在考虑此事，现在攻打哪个城好呢？"

"我认为目前应先攻和州，这虽是一个小城，但拿下它对我们很有利。"

"如何用兵？"

"我们可以先挑选三千勇士，穿上青衣，带着驮载财物的骆驼向和州进发，另派万名士兵相隔十余里尾随而行，身穿红衣。到城下后，青衣应声称是庐州派兵护送使者入城犒军的，和州守军就会开门。城门打开则举火为号，红衣军趁机进城。"

郭子兴高呼："此计高明！就按你说的出兵。"

在朱元璋的精心策划下，两路人马朝和州开进，此战并没有费什么工夫就大获全胜。

郭子兴率援兵赶来时，朱元璋已经站在了城头上。郭子兴很高兴，立即任命他为总兵官，镇守和州。

论才干，朱元璋在军中是一流的，但他毕竟还年轻，资历也较浅，为了树立自己的威信，他让人撤掉议事厅的公座，摆上几条长凳，第二天开会时，他故意迟到，诸将果然都在上首就座，只给他留下个末位。他不动声色，安然就座。

待到议事时，人们都拿不出什么计策。朱元璋却侃侃而谈，筹划周详，诸将才稍稍服气。他和诸将商量修筑城墙的事，建议分为十段，每人各负责一段，时间为三天。

没有想到，到期验收，只有朱元璋负责的一段竣工了。朱元璋很不高兴地说："身为军人，有令不行，这怎么能打胜仗？长此下去，诸位将军岂不误了军机？"

没有人敢说话。朱元璋望着他们宣布："从今天起，违令者，以军法处置！"

接着他又说："得人心者才能站住脚跟，这是古人的话。军队没有严明的纪律不行。今后每攻取一个城池，不得掠夺妇女，不得抢夺财物。违纪者斩！"

朱元璋治军有方，纪律严明，得到了老百姓的拥护，他的威信在军中也日渐提高了。

至正十五年，因濠州缺粮，孙德崖率兵到和州就食。朱元璋深知他图谋不轨，却又担心两军发生激战，只得暂且容忍。有人向郭子兴进谗言，说朱元璋投靠了孙德崖，郭子兴匆忙赶到和州问罪，朱元璋费了好多口舌，才打消了他的疑虑。

过去，孙德崖曾多次加害郭子兴，知道郭子兴不能容他，见郭子兴来了，便与朱元璋商量，准备率军离开和州。朱元璋怕军队移动引起摩擦，表示愿意随后跟上。孙德崖的军队陆续从城中撤出，朱元璋悬着的心逐渐放下。这时，有一个熟人邀他一道去送朋友，刚走了十多里，有人追上来说城里发生斗争，孙德崖被郭子兴抓住了。

朱元璋急忙策马往回赶，半路上却落入孙德崖的弟弟之手。孙德崖的弟弟提出用朱元璋换孙德崖，郭子兴无奈，只得放了孙德崖。

郭子兴本想杀了孙德崖，却只能看着仇敌离去，这让他很愤懑。他本是一个气量很小的人，根本不听朱元璋的解释，在生了几天气之后，老病复发，没有几天就去世了。

铁血建功

朱元璋有话对你说

在这一点上，很多人都做得不好，一旦发觉形势不如己意就暴跳如雷，有人欺负就生顶硬扛，结果自寻死路。也有很多人能做好，好比能忍胯下之辱的韩信；朱元璋也做得很聪明。长久生长于社会底层，早知道什么叫能屈能伸，忍辱负重是小事，扬眉吐气大大夫。

朱元璋寄于丈人篱下，为图谋大计故，只好采取容忍之策。也正因为他能伸能屈，方能一再涉险过关。以退为进，蓄势待发，这是大丈夫的作为。

在现实生活中，我们常常把忍辱负重视作懦弱，其实两者有着根本的区别。懦弱是不自信、胆怯、丧志，甚至于逃避，而能屈能伸的忍耐，则是暂时的，是为了能找到更好的"突破方向"。

识时务者为俊杰，审时度势是我们适应生活的必须技能。明白了内外环境和因素对自己的影响，明白自己的境遇，找到自己的立足点，是非常重要的。审时度势能帮我们找稳立足点，这将为我们走好每一步提供"支点"，或者说是我们人生的"踏板"。

当境遇属于负面的时候，要暂时忍耐和静心地等待，创造有利于自己的条件，在最佳时机到来的时候崛起，这就是屈；相反，在境遇属于正面的时候，就要勇于进取，抓住机遇创造亮点，这就是伸。在屈和伸之间，创造属于自己的辉煌。

第七章

朱元璋对你说 管理

没有规矩，不成方圆；没有管理，难成大器。在竞争日益激烈的今天，领导管理之所以不断地被强调，甚至逐渐发展成为一门专业的学问，是在于优秀的领导管理能够合理调度资源，提高效率，降低成本，实现资源的最佳整合，从而更优化地实现团队共同的目标。在管理方面，朱元璋做得很好，他将自己能够掌握的资源，通过自己的管理，发挥到了极致，最终获得了成功。

管理是发展的基石

很多时候，很多人都在思考，作为一个草根出身的领袖，朱元璋为什么这么厉害？这不是因为他多么有知识，多么聪明，而是因为他生活经历丰富，对人性了解得太深了。而我们所说的管理，很大程度上就在于他对人性的了解。管理其实就是管人，不了解人，即使学历再高、专业知识再多，还是管不了。

朱元璋管理很有一套，首先声明，这一套有地点时间限制。地点：只适合中国；时间：适合封建社会。虽然这一套管理适用那个小时代，但毕竟对我们有借鉴的作用。

许多起义军攻城略地之后，就是打烧抢砸，仿佛一群强盗进入羊群。这无疑会让广大的劳动人民寒心，其后果很严重。人民如果不支持，你挺不了多久，朱元璋很懂这个道理。

所以，朱元璋对军纪要求特别严，凡是攻城略地之后，严禁士兵奸淫掳掠，违者重罚。朱元璋还让李善长起草了一份文件，目的就是防止士兵扰民。在老百姓们对起义军失望的时候，忽然出现这么一支军队，对于饱受战火蹂躏的劳苦大众来说，是一种极大的心理安慰。

除了纪律之外，朱元璋把人才看成是决定事业成败的最关键因素，所以他经常给人求贤若渴的感觉。

在打下南京后，有人告诉朱元璋徽州有一个著名的读书人，名叫朱升。听说此人是个大学问家，朱元璋决定亲自登门造访。

刘备三顾茅庐是很遥远的事情，元朝的读书人好久没有享受这种荣耀了。朱升被朱元璋的诚意感动了，给朱元璋提了九个字。

高筑墙，广积粮，缓称王。

后来的事实证明，这九个字成就了朱元璋的帝王之路。

为了巩固劳动成果，朱元璋开始了一揽子的改革计划。他首先废除元朝的苛政，减轻刑罚和徭役，赦免罪犯，让他们为自己效力。

这期间朱元璋在韬光养晦，等到时机成熟，朱元璋一定会站出来，将剑指向残暴的元帝国。

诸葛亮在《诫子书》中曾说：俭以养德，静以修身。

其实，节俭不仅可以养德，也可以养军。朱元璋是贫苦人出身，节俭是他的本能。就算是当皇帝后，他还是一再告诫子孙："我以前出身贫寒，以为一辈子就是做一个在田里劳作的农民，所以我深知农民的酸甜苦辣，你们一定要体恤民情……"

朱元璋确实是身体力行维护农民利益的，为了调动农民积极性，他把地主的土地分给农民，对于灾荒地区实行减租和免租的政策。

当时，为了减轻农民的负担，朱元璋实行军垦屯田制，让军队自己解决吃饭问题。这是非常得人心的做法，老百姓最怕的是官，其次怕的是兵，战乱时期更是如此。

朱元璋以身作则，生活俭朴有度，即便当了皇帝后都是如此，何况当时创业的时候。"四菜一汤"的故事就是发生在朱元璋身上。

据说，大明建立后，有一天，马皇后过生日，朱元璋宴请群臣。大

臣们以为有好酒好菜招待自己，入席后，总共上了四道菜一道汤。四道菜分别是炒萝卜、炒韭菜、炒芹菜、炒青菜，最后上的是葱花豆腐汤。此后，朱元璋对大臣说，以后你们请客，最多不能超过这个级别，否则严惩不贷。

军纪管理方面，朱元璋赏罚分明。一次，他亲征婺源的时候，有天晚上外出办事，正好遇到自己安排好的巡逻人员。巡逻的士兵办事非常认真，因为当晚有宵禁的命令，所以严禁朱元璋一行人出城。朱元璋的随从对巡逻上兵说："这位是军队里的高官，快快放行。"

那士兵却毫不通融，坚持说："他是不是高官我不知道，我只知道他违反了宵禁的命令。"

朱元璋不仅没有生气，反而奖励这个士兵二石米，还通报全军向他学习。从这个事情可以看出，朱元璋治军确实非常严，那个士兵之所以坚持岗位和原则，就是因为全军的表率和朱元璋的军纪制度。

对于扰民的士兵，朱元璋绝不姑息，一个字：杀。杀人对于朱元璋来说是驾轻就熟的事情。

在军队管理上，朱元璋还发明了一个独特的模式，就是全民皆兵，兵和民的关系更密切，打仗的时候大家都是兵，不打仗的时候耕地，有闲暇的时间也不要浪费，大家切磋一下武艺，练练身体。

朱元璋的管理艺术，总结起来就十二个字：招揽人才、重视群众、纪律严明。

在前面的文章里我们已经详述，朱元璋为了整顿军纪，甚至和徐达唱了一曲双簧戏。在出征前，朱元璋故意把大将军徐达绑起来，对广大官兵说徐达违反了军纪，理应处斩。然后，李善长带着文武幕僚齐刷刷地下跪，为徐达求情，浪费了一大堆口水，朱元璋终于放过徐达，让他戴罪立功。这当然是事先跟徐达商量好的，朱元璋这样做就是为了告诉全军：违反军纪的人绝不宽恕，连徐达这样的人我都敢杀，其他的人自然更不在话下。

从此以后，朱元璋军队的纪律越来越严明，这好名声一传十十传百，是朱元璋一项非常重要的政治资本。朱元璋跟刘邦一样，善于造势。

为了吸引更多的人才，朱元璋也做到了不拘一格降人才。朱元璋自己没有机会接受正规教育，对于那些接受过正规教育的儒生心向往之。朱元璋很看重读书人，他知道历史上成功失败的经验教训都写在书本中，自己读书不多，所以更要请教那些饱学之士。

在与元军对抗那会，为了招揽天下的儒学人才，朱元璋开始养士，他非常害怕这些聪明的读书人跑到陈友谅、张士诚那里，所以对读书人非常优待。这些读书人大多是有名望、能言善辩的人，你对他好，他肯

明孝陵

定逢人便夸，这个朱元璋礼贤下士，是一个英明的主子，大家跟着他保证不会吃亏的。

凭借着自己的管理，朱元璋以草根的出身最终走上了帝王的神坛。

在我们的身边，接触到的所有人，生活环境都不相同，组织也不相同，如工厂、学校、医院、军队、公司等等，人们往往集结成组织，组织是人类存在和活动的基本形式。

如果没有组织的号召，仅凭单独个人之力，既无法征服强大的自然，也不可能获得成功。如果没有组织，人类社会也不可能发展到今天的程度。组织是人类征服大自然力量的来源，也是人之所以能获得成功的关键要素。但是，每个人都生活在社会里，生活在组织里，仅仅有组织是远远不足的，还要有分工，在一群人之中，必须有人脱颖而出，胜任管理者，只有这样，组织的正常活动才能有效进行，换句话说，为了保证组织最大效用地运行下去，管理是其中不能缺少的条件之一。

管理能很大程度地提高组织的发挥，管理者能协调组织内各部分成员的作用，并让他们与环境最大程度地相适应，发挥最大的力量。所有的管理活动都要在组织中才能进行。组织和管理是共生的，即使是一个小的家庭单位，也需要有人管理；换言之，只有管理，才能保持组织进行正常的活动，现实世界里，组织与管理二者缺一不可，共同作用。

管理存在于我们身边，任何集体活动都必须有人管理，在没有管理进行宏观协调时，集体中每个成员的行动方向并不一定相同，甚至可能相互抵触。即使目标一致，由于没有整体的、宏观的相互配合，也不能达到最佳的目标。

现代社会的生产力由科学技术所决定，它也进一步地推动了整个社会的发展。然而，如果只有先进的科技，而管理水平却不能齐头并进，缺乏与科技适应的管理科学，这么一来，就不可能推广传播，进一步运用先进的科学技术。科技的力量也能被社会所广泛认可发挥，相反，社会生产力不仅得不到提高，还有可能被阻碍。所以，人们普遍认识到，先进的科学技术和管理科学是双生儿，不可分开，都必须大力提高。

有人指出，现代社会文明进步的三大支柱之一就是管理，它与科学还有技术一样，至关重要。在19世纪时，经济学家曾经是炙手可热的，而到了20世纪40年代，管理人才的重要性就日益凸显了出来。这些现象都表明，现代社会的发展过程中，管理所占的地位和作用不容小觑。

刚猛管理，切忌矫枉过正

身处21世纪的我们，不可避免地要面对各种各样的事情。在与人相处的过程中，我们该如何更好地与人交往，如何最大限度地获取成功呢？这其中，正确的处事方法显得尤为重要。当然，人无完人，金无足赤，即使是身为九五之尊的皇帝朱元璋也未能免俗。

朱元璋政绩中的一大败笔就是刚猛治国，矫枉过正。当然，他在制定政策的时候，也许主观出发点是好的，但是，由于在执行过程中的某些手段过于极端、暴戾、残忍，这就不可避免地造成了某些负面影响。

建国后，朱元璋针对当时的形势，采取了"以猛治国"的方针，

主张法不轻恕，严刑惩贪。对此，朱元璋的解释是："奈何胡元以宽而失，朕收平中国，非猛不可！"并痛斥贪官是"害民之奸，甚于虎狼"。洪武四年(公元1371年)，朱元璋颁布法令，规定"官吏犯赃罪者无贷"。当时，各府州县衙门都建有"皮场庙"(杀人剥皮的刑场)，有的衙门旁就摆放着塞满稻草的人皮，以此警示在任的官吏不可徇私枉法。

正所谓乱世用重法，在元末天下大乱中建立起来的大明王朝确实有必要制定一些严厉的法律来整肃社会和官场风气，但是，法律实施的原则应该就事论事，而不该就一件案子扩大化，进行一系列的株连和清算，以至于人人自危、敢怒而不敢言。下面特意选取一个发生在明初的案件，以此来看一看朱元璋惩贪的力度以及在实践中对明朝官吏和百姓所造成的巨大影响。

这个案子就是郭桓案。

自建国之后，朱元璋一直将打击官员的贪污腐化作为头等大事来抓，但是，由于官场的积弊太深，朱元璋所采取的种种措施并没有在短时间内取得明显成效。

不过，事情在洪武十八年有了转机。这一年，朱元璋召集全国的官员来京城接受考核，也就是说，在朝觐皇帝的同时，还要接受皇帝的考核，由皇帝对这些官员的政绩做出一个评价。当时，到京的官员共计4100多人，但是，经过评定，确定为称职的官员只有430多人。面对这种情况，朱元璋决定采取更加严厉的措施，在全国范围内开展一场整贪肃贪的运动，而这场运动的导火线就是郭桓贪污事件的暴露。

郭桓当时的职务是户部侍郎，他的罪名主要有如下几项：第一项，太平、镇江、广德有几个府，朱元璋下令减免官田钱粮一半，但是郭桓却将这些地方所上缴的钱粮中饱私囊；第二项，在由郭桓负责收受浙西秋粮的过程中，伙同他人，私分了200多万担粮食；第三项，巧立名目、剥削百姓。郭桓等人在征收赋税的时候，一石米折钞两贯，但是在两贯钱以外，他还向老百姓强征各种名目繁多的赋税，具体有：

水脚钱100文，就是用船来运的运输费；

车脚钱300文，就是用车运到船上，以及从船上卸下之后再用车拉到仓库的费用；

口食钱100文，就是在运粮过程中押送人员吃饭以及给骡马买草料的钱；

库子钱100文，就是粮食存入仓库后，需要给看仓库的人一定的酬劳；

蒲篓钱100文，就是给粮食打包的钱；

篓钱100文，就是买装粮食所用的筐子的钱；

神佛钱100文，就是为了保证运粮平安，以防在江河之上遇到大风大浪，所以沿途拜神拜佛的香火钱。

如此花样迭出的赋税名目完全是为了更多地压榨老百姓的血汗钱，而郭桓等人就在老百姓的血泪之中积累起自己的巨额财富，以满足自己花天酒地的生活需求。

除此之外，在征收草料的过程中，郭桓也是贪赃舞弊：那些给了他好处的人，就可以得到免征草料的待遇，而为了完成征收草料的指标，郭桓就向那些没有给他好处的地区加倍征收。为了自己的私利，郭桓使出了各种伎俩，完全无视国法，更不考虑朱元璋的社稷。为了增加粮食的重量，郭桓把征收的粮食和豆子都事先浸泡在水里，结果，这些粮食

第七章

朱元璋对你说管理

185

被存入仓库后，造成了仓库粮食的大批腐烂。最后，由于实在没有办法处理了，有关官员只好在请示朱元璋之后把仓库拆掉，把这些粮食大批掩埋了。

如此触目惊心的贪污腐败令朱元璋非常震怒，于是朱元璋下令，在全国范围内进行严查。而且从户部这个源头查起，一查到底，决不姑息。当时的流程大致是：既然户部的赃款来自于十二个布政司，那么，朱元璋就命人将布政司官员相关押解到京，追查赃款从何而来，布政司官员交待，赃款来自府里；于是，府里的官员又被抓起来，他们说赃款是来自于州里；等到抓住了州里的官员，他们又交代，赃款来自于县里；县官被抓起来之后，行贿的人也就暴露出来了。

对此，朱元璋曾命令各级官吏退还赃款，但是，贪官污吏们怎么肯轻易把装进口袋中的钱再吐出来？于是，这些官吏官官相护、串通一气地把自己贪污钱粮的数目摊派到老百姓身上，结果，朱元璋声势浩大的惩贪运动反而加重了老百姓的负担。

朱元璋得悉事情的真相后，大发雷霆，下令严惩不怠。结果，经查实，这个案子牵连到礼部尚书赵瑁、刑部尚书王惠迪、兵部侍郎王杰、工部侍郎麦志德等高级官员和许多布政使司的官员。案件查清后，朱元璋下令将赵瑁、王惠迪等人弃尸街头；郭桓等六部侍郎及各地方布政使司以下的官员有上万人被处死；与这些人有牵连的官吏被逮捕入狱的达几万人，分别被严加治罪。各地卷入这个案件的下级官吏、富豪被抄家处死者不计其数。

对于自己定法和用刑的严苛，朱元璋也有自己的认识，他曾经说"朕谓斯刑酷矣"、"闻见者将以为戒"，听到的人都应该警戒。但是，仍然有人敢触犯律令。曾经有一位冒领官粮的下级官吏，这个下级官吏名叫康明远，被朱元璋下令挑断了脚筋，但他不知悔改，朱元璋对此非常气愤，"岂意攒点康明远等，肢体残坏，是形非命存，恶忧不已"，"仍卖官粮，此等凶顽之徒，国将何法以治之乎？"可见，朱元璋的严刑峻法在很大程度上是被贪官、赃官给逼出来的。于是，在明朝初期，酷刑酷吏层出不穷。

当然，即使在朱元璋在位的时候，也有很多人对他的严刑峻法非常不满意。早在洪武九年，山西平遥县县学有一个训导叫叶伯巨，就给朱元璋上书，指出了朱元璋做事情不妥的地方，其中就有一条叫做"用刑太繁"。

"窃见数年以来，诛杀亦可谓不少矣，而犯之相踵，良由激劝不明，善恶无别，议贤，议能之法既废，而为善者怠也。朝信而暮猜者有之，昨日所进，今日被戮者有之。乃至令下而寻改，已赦而复收，天下臣民莫之适从。"

然而，虽然用法过于严苛，朱元璋也因此缔造了一个吏治清明的时代。清朝张廷玉所编《明史》的《循吏传》中有这样一段话："循吏传"就是专门为清官所作的传。《循吏传》中所列大明王朝270余年的清官中，仅洪武三十一年间的清官，就占了总人数的三分之二。这个《循吏传》还有这么一段话："一时守令畏法，洁己爱民，以当上旨，吏治焕然不变矣。"

看了这一段史实，相信很多创业者都觉得大快人心。但是，这毕竟是封建王朝中的一段迫不得已的法治史。今天的创业者如果不加分析地照搬朱元璋的做法，在自己的创业过程中以"刚猛"二字为座右铭，为自己的团队成员制定严厉的惩罚措施。对犯有过错的团队成员彻底否定，不给他任何改正的机会，那么，你所创立的这个集中营似的企业是很难吸引和留住人才的。正确的做法是，一个好的创业者要懂得恩威并施、刚柔相济，同时对团队成员采取以教育为主的管理方式。管理一个企业毕竟与治理国家不同，因此，创业者应在尊重团队成员的基础上，用一些人性化的管理方法来调动成员对整个团队的认同感，使他们能够自觉地按照团队的要求开展自己的工作。管理的最高境界就是不管，"刚猛"的管理手段，不适合众多的创业者。

广开言路　鼓励进谏

管理者作为一个社会中的个体，也就存在着每个个体都具备的缺点。人无完人，这就要求管理者要借助别人的力量，广开言路，接受别人的意见和建议。孤木不成林，众人拾柴火焰高，管理者只有多听别人的意见，集思广益，才能使自己的管理不断完善，从而保证自己团队的发展。

朱元璋对于言路是否畅通，有着比较清醒的认识。早在建国之前，他就对部下强调，治理国家必须先使言路畅通，言路一旦堵塞，就会使上下之间缺乏了解，犹如河道阻塞后，河水就无法长流的道理一样。

于是，他一再鼓励大家进谏，陈述国家事务的得失。但求谏的结果似乎并不能让皇帝满意，因为朱元璋每次发言完毕，百官们总是唯唯诺诺，不管他的话对错与否，都一致赞同，毫无异议，为此他感到十分不安。

有人很擅长阿谀奉承之道，竟然说："陛下生性就聪明，又能勤勤恳恳、孜孜不倦，真的是没有缺点可以挑剔。大臣们哪里是有话不敢说呢？而是陛下没有过失，我们才无言进谏。"

鉴于此，朱元璋经常向臣民表明他虚怀若谷、真诚纳谏的态度，他说，对帝王来说，合己从人，不吝改过，历来都是一件好事，并无不妥之处。至于有的人进谏，言而无实，自己也不打算追究。他的目的是要通过逆耳之言，求得有益于社稷的意见，尽量取信于公论，不偏听偏信。

朱元璋一再鼓励进谏，并下诏说，从各级官员到平民百姓、普通士兵，如果对军民利弊、政事得失有所建议，都应该直言不讳，并允许将臣民的上书直接送到他的面前。

朱元璋在他晚年颁布的《皇明祖训》中，再次肯定了这种做法，他希望子孙后代，永记不忘，只要臣民言之有理，就要交付相关部门执行，各部门不能拖着不办，如有抗拒行为，依法查处。

他对提出合理意见的人，还给予奖励。例如，判禄司夏守中，因为正直敢言，皇帝赐给银两，以资鼓励。工部奏差张致中提出在一些府州县设常平仓，改由里甲上报垦田额数为由农民自报等建议，朱元璋认为切实可行，并提拔张致中做了宛平知县。

江西南丰典史冯坚，一次上书谈了"颐养圣躬以为民社之福"以及攘夷狄、精选有司、减省宦官、采访贤能等九项建议，皇帝认为只有一条欠妥，其他都给予认同，并将他升任为京官，做了都察院的左检都御史。皇帝如此快速地提拔官员，意在倡导朝廷上下大胆进谏。

朱元璋公开说："凡是臣民送来的文章，实封后直达御前才可拆

189

第七章 朱元璋对你说管理

开，这是防止有人干扰上书言事。"他相信，只要自己真心求谏，不用过多的表扬和奖赏，就会有人对政事提出合理的建议和批评。

朱元璋对求谏很有诚意，总会采纳一些不同的意见。有一次，监察御史周观政在皇宫奉天门当班，见有太监领着一班女乐，正往宫内走，于是上前阻拦。太监说是奉命而来，周观政还是不许他们进去。太监十分生气，只得独自进宫禀报。不一会儿，他走出宫门，无可奈何地说："算了，周御史，女乐已经不需要了。"

周观政似乎不太相信太监的话，一定要亲自听到皇帝的口谕。过了一会儿，竟然是朱元璋出来了，皇帝解释说："宫中音乐废缺，我本想让宫里人学习操练。现在我放弃了这个念头，御史的意见是正确的。"皇帝如此虚心纳谏，让大家都很吃惊。

朱元璋求谏，诚然是发自内心地期待他人更正自己的过失，减少危机的爆发，但是，他又的确使不少直谏的官员受到伤害，甚至断送性命。有位大理寺卿李仕鲁，就因为曾劝朱元璋崇儒僻佛，被他命人当场摔死在宫殿的台阶下。刑部主事茹太素上万言书，批评当今圣上用刑太苛，朱元璋没有听人念完就大发脾气，把茹太素叫来，打了他一顿。

朱元璋经常因为天象紊乱、水旱雷电灾害等原因诏求群臣的意见，以平息上苍对世人的怨恨。洪武九年，皇帝因星变再次向天下求言。山西平遥的一名儒学训导叶伯巨，平日就对友人说过，现在国家有三件大事没有处理好，其中一件事明眼人一看便知，其祸患会在较远的将来出现，只有一件事人们难以明察，且祸患为时不远。时值朱元璋下诏求言，叶伯巨就写了一份万言书，批评皇帝有三件事情处理得不妥，即分封太多、用刑太紧、求治太速。他在批评分封太多时说，强干弱枝是分封诸王的一条基本思路，但是皇帝分封秦、晋、燕、齐、梁、楚、吴、闽等藩国，封地之广袤、都城宫室建制之宏大、甲兵卫士之势盛，都给人一种不放心的感觉。恐怕几代以后，藩王势力会尾大不掉。一旦朝廷改变政策，要削地夺权，他们就会起兵反抗朝廷，汉代的七国之乱、晋代的八王之乱都是起因于此，到那个时候，一切都晚了。他希望皇帝在诸王尚未成势之前，限制其都邑大小和军事力量，减少封地，这样才能安定社稷，消除天变。叶伯巨又说皇帝用刑太繁，虽然皇帝是想改变宋、元时过于姑息之弊，但治狱和用刑之变化多端，让人惧怕，而且很难掌握。刑罚之频繁使官吏们将平白受辱或将做苦役视为寻常的事情，以致不辨善恶。

没过几天，朱元璋就将叶伯巨处死了。朱元璋就是这样一个自相矛盾的人。

朱元璋有时会为自己拥有这样一批敢犯龙颜的忠臣而高兴，有时却痛恨直谏的人。忠臣之所以是忠臣，总是要以生命作为代价，拼死进谏。湖南龙阳典青文胜，眼见当地连年水患，百姓无以为生，政府却每年仍征赋三万七千多石，累计达数十万石，许多百姓已经死于官府的催逼之下。他两次上书直言，请求免赋税，皇帝都没有批准。青文胜说："没有想到我为民请命，竟如此困难。如果以死相谏，皇帝应该能醒悟吧！"于是，他再次怀揣谏书，敲响了皇帝在朝堂外为进谏者和冤屈者设置的登闻鼓，然后大义凛然地自尽于登闻鼓下。如此忠臣，倒是让朱元璋有些震惊，他下诏减免龙阳的部分租税，今后也按减免后的租额来征收。

朱元璋懂得言路畅通的好处，所以他鼓励进谏，来自臣民的文书

还可直达御前，对进谏有功者还给予奖励，这是他虚怀若谷的一面。然而，再开明的皇上，他的尊严也是不可触犯的，权威也是不可撼动的，朱元璋也不例外。

"必先治己，而后治人"，这是中国人的古训，一国之君要使自己的见解获得人们的认可，以实现治人的目标，就必须要有较为通畅的言路，听取各种不同的声音。

以广开言路、善于采纳他人意见著称的唐太宗李世民说过，再贤明的君主，没有大臣匡正扶助，也很难有稳定的江山。历史上的开明盛世，其君主必是善于纳谏之人，而败亡之祸也往往潜伏于拒谏之后。唐玄宗李隆基内惑于声色，外蔽于权奸，导致了"安史之乱"，可叹他京师失守，只好仓皇逃命，连田夫野老都说，早就知道皇上会有今天的下场，李隆基虽幡然悔悟，但为时已晚。

微软公司的领导向来鼓励下属的活跃思维，广开言路，从下属的建议中寻求新的创意和思路，中国的微软分公司也是如此。

曾经有一次，时任微软中国研究院院长的李开复想为公司的新会议室命名。他并不是自己确定了事，而是让秘书发出通知，向全公司内部发起征集，发动全公司的员工进行思考。

一个会议室的名字尚且要全体员工的智慧，更不要说其他方面。微软公司就是凭着这种打开门来接受建议的态度，一直走在了IT行业的前端。

点子最值钱，而架子让人厌恶；智力最值钱，而权力最不值钱。只有企业领导放下架子和权力，倾听下属的声音，大企业中存在的一些弊端才可以克服。

人无完人，一个人的学识、能力，终归是有限的、不完善的，而想要完善自己，就要扩大自己的视听范围，最好的方法，就是在管理的时候少说、多听。多听听别人的意见和看法，多听听别人的思路，择其善者而从之，就会扩大领导者的管理水平。

励精图治　全力以赴

　　任何一位创业者要想有所作为，都必须要有励精图治的精神和全力以赴的干劲。历数古今中外那些杰出的创业者，无论他们是首次创业还是二次创业，无不保持着激昂、奋进的拼搏精神，在他们的成功因素中，有对于机遇的准确把握，有别人向他们提供的无私帮助，但是，更为重要的因素是他们自身所具有的成功者的素质和工作的自觉性。

　　朱元璋出身贫苦，长于乱世，当时，群雄并起，天下大乱，朱元璋一无门荫可依，二无背景可靠，只能白手起家去赢得天下，这样的创业经历在古今中外都是罕见的。更令人敬佩的是，虽然他没有接受过多少教育，但是，由他亲手创立的一些重要制度延续了五六百年，一直影响到近现代，这种出类拔萃的能力丝毫不逊于其他受到过良好教育的开国帝王。更为重要的是，朱元璋一生励精图治，他精于政治、目光深邃，在治理国家方面力矫元朝之阙失，营造出了国泰民安的社会局面。在他执政的31年中，大明王朝政治稳定，百废俱兴，人民生活幸福，强大而统一的多民族国家呈现出一派欣欣向荣的景象。

　　明初，朱元璋鼓励垦荒，对无主田业免征三年，田地归耕者所有。

又大力推行屯田制；移民置屯开垦闲旷地，卫所士兵屯耕自给，商人在官仓附近屯种输粮；并大规模兴修水利，改善灌溉条件。这些措施，促进了农业生产的恢复和发展。在手工业方面，明初放松了对工匠的管理，虽然仍然沿用元朝的匠户制度，但是工匠却有了较多的可以自由支配的时间。匠户分两种：一种称"轮班匠"，以三年为一班，到京师无偿服役三个月；一种称"住作匠"（或称"住坐匠"），在官司作场做固定工，每月无偿服役十天，其余时间可以自营生计。由于工匠有了较多生产经营上的自主权，劳动积极性有了很大的提高，整个手工业生产得到了很大的发展。造船业、纺织业、矿冶业、制瓷业等手工业都迅速发展起来，中国的丝织品、瓷器在这个时期更是大量出口到欧洲国家，深受欧洲各国宫廷和贵族的欢迎，赢得了很高的声誉。在工商业方面，此时，南京、北京、长江沿线和运河沿线的城市、沿海港口城市都成了繁荣的工商业都会。国家税入增多，仓廪充实，人口达到六千余万。

这些成绩的取得是与朱元璋的励精图治分不开的。事实上，朱元璋是一位非常勤政的帝王，正如他在遗诏中所说"忧危积心，日勤不怠，务有益于民"。在勤政、爱民、励精图治这三个方面，他的表现是非常出色的，在这一点上，他完全可以和汉文帝、汉景帝、唐太宗相提并论。尽管后人对朱元璋的评价褒贬不一，但是，不可否认的是，无论是作为创业者，还是守业者，朱元璋都是非常成功的。这一点对于今天的创业者来说，是很值得借鉴和学习的。

的确，无论是立国还是做生意，任何形式的创业都需要创业者有励精图治的精神和全力以赴的决心和勇气，这是一个创业者走向成功所必须具备的特质。

据一篇介绍比尔·盖茨的文章说："盖茨是个典型的工作狂，这种品质从他在湖滨中学读书时就表现得淋漓尽致，无论是在电脑房钻研电脑，还是玩扑克，他都是废寝忘食，不知疲倦。"

1974年，当盖茨认为创办公司的时机尚未成熟而继续在哈佛大学上二年级时，他开始玩扑克，疯狂地玩，扑克和计算机消耗了他的大部分时间。盖茨玩扑克很认真，他第一次玩得糟透了，但他并不气馁，最后终于成了扑克高手。只要晚上不玩扑克，盖茨就会出现在哈佛大学的艾肯计算机中心，那时使用计算机的人不多。有时疲惫不堪的他会趴在电脑上酣然入睡。盖茨的同学说，他常在清晨时发现盖茨在机房里熟睡。

盖茨也许不是哈佛大学数学成绩最好的学生，但他在计算机方面的才能却无人可以匹敌。他的导师不仅为他的聪明才智感到惊奇，更为他那旺盛而充沛的精力而赞叹。他说道："有些学生在一开始时便展现出在计算机行业中的远大前程，毫无疑问，盖茨会取得成功的。"在阿尔布开克创业时期，除了谈生意、出差，盖茨就是在公司里通宵达旦地工作，常常至深夜。有时，秘书会发现他竟然在办公室的地板上鼾声大作。不过为了能休息一下，盖茨和他的合伙人艾伦经常光顾阿尔布开克的晚间电影院。"我们看完电影后又回去工作。"宣布了要开发WINDOWS的消息，一位曾到过盖茨住所的人惊讶地发现，他的房间中不仅没有电视机，甚至连必要的生活家具都没有。

盖茨常在夜晚或凌晨向其下属发送电子邮件，编程人员常可在上班时发现盖茨凌晨发出的电子邮件，内容是关于他们所编写的计算机程序。盖茨经常在夜晚检查编程人员所编写的程序，再提出自己的评价。盖茨位于华盛顿湖畔对岸的办公室距其住所只有10分钟的驾车路程。一

第七章 朱元璋对你说管理

195

般情况是，他于凌晨开始工作，至午夜后再返回家。他每天至少要花费数小时时间来答复雇员的电子邮件。

的确，盖茨是个名副其实的工作狂，但是，正是由于这种对于工作的狂热追求和不懈努力才换来了盖茨今天的辉煌成就。有谁能说，盖茨在工作中的不知疲惫不是一种励精图治的精神呢?现在，有很多年轻人对盖茨的创业有不少误解，认为盖茨只是一个没有读完大学的辍学生，他的成功可能与知识无关。其实不然，盖茨对于计算机方面的兴趣和领悟能力远非他人可及，他对于计算机知识的精通程度甚至令许多计算机专业的教授都望尘莫及。更为重要的是，在盖茨身上，有一种疯狂的不达目的誓不罢休的精神，在这种精神的支配下，盖茨可以通宵达旦地工作，可以忍受任何生活上的艰难。艰难困苦，玉汝于成。当盖茨励精图治地建立自己的网络王国时，很多人还满足于坐在计算机前玩一些消磨时间的网络游戏，个中的差异不言而喻。

当然，我们并不提倡所有的创业者都应该像盖茨那样成为工作狂，但是，至少在创业的过程中，任何一个创业者都要有全力以赴的心理准备。这是因为，选择了创业就意味着你必须要把自己的绝大部分时间和精力都投入到创业的活动中，否则，你的创业将很难取得成功。因此，在创业过程中，所有的创业者都要有励精图治的精神，随时查遗补缺，努力把每一个环节的工作做到最好，像一头开荒的耕牛一样，为了秋天的收获而不辞劳苦，不畏艰辛，挥汗如雨，耕耘不懈。

未雨绸缪　防患于未然

古人云：千里之堤毁于蚁穴，可见祸患总是起源于细微的地方。为了阻止或者避免祸患的发生，就要管理者早做准备，未雨绸缪，将隐患消灭在萌芽之时，这是领导者必须具备的一种意识，否则，等到大祸临头的时候，再想补救，恐怕就已经来不及了，就算是亡羊补牢，也已经造成了不必要的损失了。

朱元璋在建国之前就十分重视地方官员的选任。建国后，朱元璋更加重视这一点，多次强调申明"不禁止官吏的贪暴，百姓就无法生存下去"，"这一弊端不革除，就不可能达到善政"。在庞大的官僚网形成中，朱元璋决心吸取元朝吏治败坏，以致亡国的历史教训，刻不容缓地开始整顿吏治。

朱元璋严格的考核官吏制度，源于久居其位，必生弊端这种想法，所以他要经常性地评审臣下的才能是否与其所任职相符，所做之事是否与其责任相符。事实证明，只有这样经常地审核官吏，才能使人尽其职，不虚其位。

洪武元年（1368年），明太祖朱元璋颁布了《大明令》。《大明令》里严格制定了地方官员的考核制度。其中有一条就是各地府州县官员三年任满，赴京接受考核。进京的官员要带有三年任职期间政绩的文

册，以此作为考核官员的凭据。而之所以这样做的目的，就是要看这些官员们政绩与职官相称。

洪武二十六年（1393年）颁布了"考满"这种官吏的常规化制度考核。"考满"仿照古代官员考核制度，规定中央地方各级官员在九年的任职期间，必须每三年考核一次，这第三年的考核叫做初考，第二个三年叫做再考，在第九年叫做通考。具体到地方官员，府、州、县属官先经由本衙门正官初考，府、州、县正官由上级正官初考，随后层层上报核实，再送吏部考核。布政局、按察司属官也先由本衙门正官初考，报吏部考核。布政司和按察司的正官和副职，要经都察院初考，吏部复考。各衙门根据官员任职期间功过事迹皆攒造文册，报送吏部，经过核实，拟定评语。这评语的好坏与官员的升降问题直接挂钩。评语分为称职、平常、不称职三种。当然谁都想个称职了，可是这就要看你的政绩如何了。

"考满"制度的雏形源于元朝，当时是这样规定的：府同知一考无过失的，可升做知府；知县二考无过失的，升为知州；县丞一考无过失的，可升任知县。到了洪武二十六年（1393年），朱元璋把它改为府、州、县官三年考满，评语是平常和称职的，在相同品级内调用，而不称职的正官、副职则要降官，首领官要降为吏。

早在洪武五年（1373年），明太祖制定的六部职掌，以便控制在京的官员。而二十六年（1393年）颁布的《诸司职掌》，则更详细地规定了中央各部门的主要职责。规定中指出：京官四品以上九年任满，由太祖亲自决定升降，五品以下任满三年，由本衙门正官按称职、平常、不称职三等写出评语，经监察御史考核，再由吏部复考。

除"考满"制度外，朱元璋还对官员进行"考察"。"考察"制度共分为两种：京察和外察。京察所针对的对象是中央各机构和两京所在地的顺天府、应天府各级官员，而外察针对的则是外地的地方官。

政令刚开始颁布时，朱元璋规定地方官员每年需朝见天子一次，到了洪武十八年（1385年）又改为了三年一次。每次朝见完毕后，都由吏部和都察院对官员进行考察，并将京察和外察的结果报请皇帝批准公布。"考满"和"考察"这两种考核官员方式，虽说都是出自朱元璋之手，都是用来控制整顿官僚机构，保证国家机器正常运转的重要手段，但二者却有着明显的不同，"考满"多与升迁联系，而"考察"是以罢黜官员为主，两者相辅相成，构成了明朝一重要的考核制度，乃是官僚管理制度的重要组成部分。

同时，需要指出的是，无论是考满，还是考察，朱元璋对官员的考核，主要目的还是要看你从官经历的办事能力。这与朱元璋求实的性格密不可分，他终生反对虚言浮夸，更厌恶有人欺瞒他，所以，他非常希望他的官员们都能尽心尽职，多有政绩。这也是他对社会治理、王朝稳固的一种强烈期盼。

经过元末多年战乱，明太祖急于安定社会，因此他尤其注重官员安抚百姓的作用。在《大明令·吏令》中，他规定以户口增、田野辟作为各地府州县官的重要职责。地方官员来京朝见，他曾告诫他们："天下初定，百姓乏力，就像小鸟初飞，树苗初栽，不要拔去鸟的羽毛，撼动树的根苗。廉洁能够约己爱民，贪赃必会害民肥己，你们要引以为戒。"

朱元璋制贪的手法也并不是一味地"惩"，而是奖惩并用。他对为

政清廉、安抚百姓的官吏，经常表扬，并越级提拔清介自持、忠勤不贪的官员，多有旌表，进级提升，以树立典型。

在这种大力倡导下，明朝之初确实出现一些洁己爱民的优秀官员：如宁国知府陈灌，他曾在地方设立学堂，聘用教师；访民疾苦，禁止豪强兼并；伐石筑堤，保民田亩；用刑宽恤，安抚百姓。

济宁知府方在勤，在任的三年期间，积极开垦荒地，兴办学堂，最终使得一方富足，户口增长数倍。而他自己则衣着布袍，每天只吃一次肉，十年如一日，清廉至极。

担任新化县丞的周舟，因廉洁勤政有功，后升为吏部主事，可是在百姓的强烈请求下，明太祖朱元璋又把他放回，继续治理地方。

在福建担任按察使的时间里，陶后仲总共惩治了数十个贪官污吏，使当地的民风焕然一新，百姓有口皆碑。朱元璋听说此事，下令重重奖赏他。

又比如，河南某地的管理向按察司金事王平行贿，王平不但没有收受贿赂，还依法将此人抓起来审判。朱元璋得知后，马上提拔王平出任都察院左金都御史。

对于一直清廉为官的臣子，朱元璋不仅大肆封赏，还特地为他们修建府第。当这些人寿终正寝之时，朱元璋还往往亲自写祭文，来表彰他们的德行；他还把这些廉吏、清官的事迹如数载入《彰善榜》和《圣政记》之中，供后世传扬。

正因为朱元璋反腐倡廉的举动，明朝初期才涌现出一批像陶安、陶后仲、郑士元、方克勤等等的好官，使得明初政治清明，风气良好，民众大力拥护这样的政权。

如此看来，这种受到百姓爱戴的清廉自励的官员在当时有不少。但是，在国家草创之下，也并非一贯如此，在朝的许多官吏中，仍有人沿元朝末年恶习不改，贪赃害民，为非作歹，最终激起百姓反抗。明太祖朱元璋当然不会对这种深恶痛绝的行为置之不理。他毫不留情地采取了严厉惩处。

　　据历书记载，明代考察的制度里有八项最为重要：贪、酷、浮躁、不及、老、病、罢、不谨，而这八项乃是在太祖身后约一个世纪的时间里才逐步建立完善起来的。朱元璋在世的时候，则主要以贪和酷这两条来整顿吏治，重点惩治那些狂妄之徒。

　　洪武二年（1369年），朱元璋又下政令："今法令森严，凡遇官吏贪污祸害百姓，重判决不宽恕。"政令一经颁布，立即实行。对平日里廉洁做官的臣子，即使有其他的小过失，他也时有宽恕，唯独对于这些贪官，朱元璋从不心慈手软，不管贪污的数额有多大，他从不轻易放过。

　　朱元璋有很多惩治贪官污吏的手段，其中罢官只是很轻的一种手法，这些严刑峻法，着实令人闻风丧胆。前文已经提到过，当朱元璋的军队正值缺粮之际，他曾严禁私自酿酒。大将胡大海之子触犯了禁令，朱元璋此时不管正在战场奋勇杀敌的胡大海，冒着将领记仇背叛的风险，严格执法，竟然亲手砍杀胡大海的儿子。也正是因为他严明执法，才能让他的名望越来越响亮，最终在各方豪杰中脱颖而出，最终登上了帝王宝座。朱元璋认定，一定要用重刑来治理乱世，用重典去整治管理，决心要杜绝贪污的现象。在明朝初年，官吏只要贪污60两银子以上，就处以剥皮之刑，之后再斩首示众。当时府、州、县一

第七章　朱元璋对你说管理

201

铁血建功

朱元璋有话对你说

级的衙门左边的土地庙，就是用来给贪官剥皮的刑场，所以当时的老百姓又把土地庙称为皮场庙。在各县官府大堂的公座旁，都摆着一些塞满稻草的人皮囊，这样官员的心里无时不刻都在惊醒，也使得他们不敢贪污枉法、鱼肉百姓。一时间，朝野上下，大小官吏无不心惊胆战，奉公守法。这么严酷地打击贪污，在中国的古代王朝中，确实是不多见的。

朱元璋对贪官污吏惩处严厉可从《大明律》中得到一些线索，《大明律》中规定："受财枉法者，一贯以下杖七十，每五贯加一等，至八十贯绞；受财不枉法者，一贯以下杖六十，每五贯加一等，至一百二十贯杖一百，流三千里；监守自盗仓库钱、粮、物，不分首从，并赃论罪，在右小臂上刺盗官钱（粮、物）三个字，一贯以下杖八十，至四十贯斩。"朱元璋对贪污受赃的监察官员，订立了更严酷的处刑：当时凡风宪官吏受财及于所按治去处求索、借贷人财物，若卖买多取价利，乃受馈送之类，各加其余官吏罪二等；还同时规定："官吏宿娼，罪亚杀人一等，虽遇赦，终身弗叙。"

明初的残酷刑罚，甚至超过了以暴政著称的秦朝。《唐律》中已废弃了古代墨、劓、非、宫、大辟五刑，而是以笞、杖、徒、流、死（斩、绞）五刑取而代之。《大明律》除沿用了唐代的五种刑罚外，还增设了更加残酷的刑罚，如凌迟、黥刺、挑膝盖、剁指、刖足、非、劓、阉割、锡蛇游、刷洗、枭令、称竿、抽肠、剥皮等等。并动辄使用连坐族诛之刑，株连三族、九族。由于惩罚实在太过严苛，朱元璋又亲手创造了另一个历史奇闻。那就是从洪武元年到十九年，竟然没有一位官员能顺利做满自己的任期，这些官员往往没有到任期结束，就遭到贬黜，被杀头的更是不计其数。由于斩杀或罢黜的官员数目实在太多，以至于人心惶惶，有些衙门甚至出现了没有官员来办公的奇景。最后，朱元璋又不得不实行另一种叫做"戴死罪、徒流还职"的制度，让这些判刑后的犯罪官吏，戴着镣铐回到公堂继续办公，将功补过。

而在另一个部法典《大诰》中，他还规定：凡各级官吏违背朝廷令旨，苛敛扰民，或者互相勾结，包揽词讼，教唆害民的，百姓可以连名到京师状奏，带着《大诰》进京，文中特别提到，百姓甚至可把损人利己的官吏绑缚京师。各地政府不得阻拦进京面奏的百姓，即使没有文引路条，也要放行。胆敢有阻拦者，无论是官是民统统都要被族诛。这一规定的出台，使得朱元璋成功地借助了民间力量惩治那些不法官吏，迫使得这些官吏从善治国。允许百姓告官这一原则，无疑使百姓成为保持官员廉洁的最强制约力，这在中国的历史上实属罕见。

但是即使是这样的严刑酷法，仍然有人胆敢顶风作案。最具代表性的是在洪武年间发生的两桩大案了。

空印案是发生在洪武八年（1375年）。由于当时明朝政府规定，各布政使司、府、州、县每年都要派官吏到户部报告地方财政收支账目，经户部审核，数字完全相符，才准许报销结账。如有不符，表册就要驳回，重新造册。但是这里有一个非常现实的问题，全国各地的布政司和府州县距离京师各不一样，三四千里有之，六七千里以外的也有之，因此有时就会出现重新造册加盖原衙门印信得需要很长时间的现象。有些官员们为了避免麻烦，为了省去来回往返在路上的时间，他们把表册事先盖好官印，便于一遇到户部挑出差错，驳回文册时，就可随时填用。

在洪武八年（1375年），朱元璋偶然间得知此事后，多疑的他怀疑

第七章 朱元璋对你说管理

这里面肯定有人钻了空子，有人企图用此种手段来作弊、欺瞒自己，于是龙颜大怒，他一气之下把户部尚书、各地衙门掌印官全部处死，副职以下官杖刑一百，发配地方。在这桩大案中牵连被杀被戍的官员总数在数千以上，多少无辜的人不是流离失所，就是成了孤魂野鬼。

郭桓案发生在洪武十八年（1385年）。郭桓本乃是户部侍郎。由于御史余敏、丁廷举告发北平布政使司李彧、按察使司赵全德等人，勾结户部侍郎郭桓等串通营私舞弊，侵盗官粮。朱元璋紧急下令追查此事。

经过一番审讯之后，案情有了重大突破，查明郭桓等人在收受浙西秋粮时，确实有190万石米卖掉，但所卖的银两并没有上交国库。郭桓接受浙西等四府贿赂的50万贯钞，同时，串通承运库官范朝宗偷盗金银，勾结广惠库官张裕擅自支取600万贯钞。除去盗取库中宝钞、金银以外，盗卖库存和未入库的税粮，以及鱼盐各种税收，共折2400多万石。贪污数额如此之大，罪行如此之严重，牵连官员又是如此众多，朱元璋又要大开杀戒了。

首先，他先下令把有牵连的礼部尚书赵瑁、刑部尚书王惠迪、兵部侍郎王志、工部侍郎麦至德等全部斩首，并把六部左右侍郎以下全部处死，追缴赃粮700万石。案件供词中所提到的各布政司官吏，也是均被处死。这次株连被杀的人数又达到了万人之多。

这桩严重的大案，株连之广，令朱元璋实在是气愤难平，自己的惩治贪官污吏制度已经十几年了，可眼前还在发生如此之大的案件，实是令人心寒。他曾感叹官员"任用既久，俱系奸贪"，更曾对"我欲除尽贪赃官吏，奈何朝杀而暮犯"的状况大惑不解。一时怒起，也曾下令：

"今后犯有贪赃罪的，不分轻重全部杀尽。"

须知贪污腐败，乃是与封建官僚体制共生的痼疾。朱元璋积极地实行严刑峻法杜绝了在位期间的贪污泛滥现象，起到了防患于未然的作用。

未雨绸缪，就是要在坏天气还没到来的时候，先把门窗绑好。防患于未然，也是要对隐藏在表面现象之下的不好的事件做好突发的准备，对未来的各种情况做好预测以及相应的措施。人生有时候真的好像天气一样充满了不可预测的雷雨和风暴，所以我们就要防患于未然，早作准备以应对突发状况。在管理中也是同样的道理。没有任何一种管理是完美的，这就要求管理者善于未雨绸缪，不断完善自己的管理，发现其中的漏洞，以防止因为小的漏洞而引发的危机。

1997年，亚洲金融风暴首先席卷泰国。不久之后，这场风暴横扫了马来西亚、新加坡、日本和韩国等地。各国经济遭到了严重的打击，亚洲一些经济大国的经济开始萧条，甚至一些国家的政局都开始发生动荡，一时亚洲经济急速发展的景象被打破。

在亚洲金融风暴席卷世界的时候，我国却并未遭受太过猛烈的冲击。究其原因，是在经济危机之前，我国领导人的高瞻远瞩，未雨绸缪，为了应付突发的经济事件，国家储备了大量的外汇储备。等到金融风暴发生的时候，采取了有效的管理，施行了防范措施，使得我国在该次金融风暴中平稳度过。一时中国经济成为了亚洲的中流砥柱，得到各国的一致尊敬。由此可见在管理中，防患于未然的重要性。

亡羊而补牢，不如防患于未然。与其在事故发生之后再采取措施来弥补，不如在其之前就对可能发生的危机进行防范。居安思危，防患于未然，是智者避免灾祸的良方，是降低损失的最佳措施。在危机四伏的社会里，无论是国家还是个人，在管理中都应该牢牢握住防患于未然这把钥匙，打开通向安全平稳的未来的大门，将危险置之门外。

铁血建功

朱元璋有话对你说

第八章

朱元璋对你说 *修身齐家* 之道

在我国古代经典《大学》中，对人生有着如下的规划：物格而后知至；知至而后意诚；意诚而后心正；心正而后身修；身修而后家齐；家齐而后国治；国治而后天下平。意思是获得知识的途径在于认知研究万事万物。通过对万事万物的认识研究，才能获得知识；获得知识后，意念才能真诚；意念真诚后，心思才能端正；心思端正后，才能修养品性；品性修养后，才能管理好家庭家族；家庭家族管理好了，才能治理好国家；治理好国家后天下才能太平。古代贤者无不奉之为经典。

要不断地学习

学习是人的天性本能，只有不断地学习，才能够不断地充实自己，发展自己，让自己适应不断变化的社会，和日益激烈的竞争。但是在我们现实中，能够真正做到始终保持学习热情、勤学不辍的人却并不是很多，朱元璋以他的勤于学习的做法，给我们带来很大的启发。

明太祖有着血泪浸泡的童年，在他的记忆里，上过的短短几月私塾，可以认为是他心头的绿洲。从后来的经历可以看出，他不是个不喜读书、不愿学习文化的人，只是命运将他的学习年龄无情地推后了。

他曾回忆："朕在幼年，家贫亲老，无钱求师学习，兄弟力耕于田亩之中。更入佛门，以致圣人、贤人之道，一概无知，几乎毁了一生。"

成年以后的明太祖，在身如飞蓬的漂泊生涯中，朦胧地开始懂得读书的重要，回到皇觉寺，立志勤学，孤灯挑尽未成眠，为他日后的人生道路奠定了良好开端。

投身军旅的第二年，在与李善长、冯国用兄弟等读书人的接触中，他们引古论今，纵谈天下大计，不仅使明太祖心中效法刘邦创立帝业的政治目标真实而明确地树立起来，而且也使他钦羡他们的学识，并由此感受到传统文化的巨大魅力。此后，在血战的间隙，他发奋学习。所到之处，招揽儒士读书人，置于左右，与他们朝夕相处，让他们为自己讲经论史，为的是学习古人治国平天下的历史经验和教训。

由于学习刻苦，他的阅读能力提高得很快。

打下集庆（今江苏南京）后，他改名应天，设官建政，这是奠定帝王之基的重要时期。此时，他令有司访求古今书籍藏于内府，专供他览阅。他对侍臣詹同等人说："三皇五帝之书，没有传世，所以后世很少知道他们的行事，汉武帝购求遗书，六经得以问世，于是唐虞三代的治世也才得以让后世知晓。"因此他夸赞武帝雄才大略，有功于后世。接着，他提到自己在宫中无事时，就取出孔子之言来读，说孔子之言真是治国良规，万世之师。在参与政治活动五年后，传统儒家文化的影响已经深深渗入了明太祖的内心，使他深层的心理结构产生重大变化，为了寻求治国平天下的道理，他读了不少书，早已不是一个普通的无知无识的农民，他的好学与勤学也使他从农民武装首领中脱颖而出。

占据婺州这一理学中心后，他特聘当地儒士13人为他讲解经史，以此更加深信集传统儒释道学说大成的理学是统治天下不可或缺的政治学说。

开国后，他在奉天门东面盖起了文渊阁，将经史百家藏书丛集其中，在处理公务之余，就到那里去亲自阅览，甚至终日忘却困倦。

他曾让范祖翰为他剖析《大学》的精义，跟宋濂读《春秋左传》，听许存仁给他讲孟子学说的要点，从陈南宾学《尚书·洪范》，后来自己亲自著有《御注洪范》。

当年李善长劝他效法汉高祖，平定天下，他终生不忘，并从此对历史产生莫大兴趣。因为政治军事实践斗争的需要，加之长期勤奋的学

习，后来明太祖对历史也能如数家珍，和他的儒臣谈经讲史是他饶有兴致的话题。他常读汉、唐、宋朝的历史书籍，注意总结吸取历史的经验教训，至于元朝历史的教训，他更注意总结归纳。开国后就命纂修《元史》。每当他引经据典地评说前朝历史时，他深刻的见解，使不少熟读经史的儒臣，也大为逊色。

明太祖确实很聪明，又由于他的勤奋好学配之以政治军事实践斗争的阅历，他对"先王之道"，也就是传统儒家文化的悟性特别强，传统文化激发了他的聪明才智，也使他得到了统治国家的钥匙。但同时他从历代政治得失中学得的还有另一方面，那就是残忍狡诈，用手中无限的权力去应付各种人物和事件。

在写作方面，他的进步也很迅速。

起初处理公务的需要，使他亲自动笔草拟命令告示，他一概用的是通俗口语，浅显明白。渐渐地，他能写不错的语体文。到后来，也能撰写四六对偶的骈（pián）体文。封徐达为信国公的诰文，就是出自他的手笔："从予起兵于濠上，先存捧日之心；来兹定鼎于江南，遂作擎天之柱。"很有气魄。而他亲手制作的《御制皇陵碑》，全篇用韵，如泣如诉，读之异常动人。

明太祖自己作文明白平实易懂，反对华而不实的文字，也就是虚文。由他以身作则，开始倡导文风的改革。洪武六年（1373年）他下令禁止政府公文使用唐、宋以来官场习用已久的四六骈体文，从此臣民表笺奏疏都不再使用这种对偶工整、词藻华丽的文体。洪武九年（1376年）刑部主事茹太素上言陈述时务，洋洋洒洒万余言，明太祖让中书郎王敏读给他听，听到后来，他不禁怒起，召来茹太素，当朝廷杖。然而第二天，他又耐着性子在宫中让人诵读，仔细听来，其中可以采纳的有四件事，不由他慨叹道："为君难，为臣也不易。"他认为茹太素所陈述的事情，用五百多字就可以说清。于是，他命中书制定陈言奏对格式，删除一切繁文。后来还制定《案牍减繁式》颁发全国，简化政府公文，便于杜绝官吏营私舞弊。

他还非常喜欢写诗，在他的《御制文集》中，存有他的各体诗歌100多首。他经常诗兴大发，与臣僚们唱和。又曾命修《洪武正韵》。

他的《早行》：

> 忙着征衣快着鞭，转头月挂柳梢边。
>
> 两三点露不为雨，七八个星尚在天。
>
> 茅店鸡鸣人过语，竹篱犬吠客惊眠。
>
> 等闲拥出扶桑日，社稷山河在眼前。

他的《咏菊花》：

> 百花发时我不发，我若发时都吓杀。
>
> 要与西风战一场，遍身穿就黄金甲。

这些诗写得和他性格一致，粗放豪迈，兼有英武之气和帝王之概。

朱元璋没有多少文化，开国之初对文人很器重。那时，他不仅尊儒，而且对朱熹派、释、道各家都能容纳，真有一种兼容并包的伟人气度。

朱元璋喜欢诗词，不只是为了欣赏，而是动脑筋去写，在这方面他

第八章 朱元璋对你说修身齐家之道

下的工夫也很大，他把唐代李山甫的一首《上元怀古》，抄写在宫中的屏风上，有人说："李山甫此诗并非妙品，何以陛下如此珍视？"

他笑着说："此诗有深意。"

朱元璋抄录的这首诗为：

南朝夫子爱风流，尽守江山不到头。

总为战争收拾得，却因歌舞破除休。

尧将道德终无极，秦把金汤可自由。

试问繁华何处在，雨花烟草石城秋。

从诗歌的内容来看，李山甫写的是南京六朝金粉繁华之地，东吴、东晋、宋、齐、梁、陈的国君都曾在此建都，却都因风流奢侈破国亡家，把马上得来的天下葬送在爱的"风流"中。

朱元璋喜欢读诗，自己也偶尔作几首。明代嘉靖本《高皇帝御制文集》中，集了他不少的诗作。其中有些祭文，写得颇有感情。

朱元璋也是一个很有情义的人，他当了皇帝之后追封郭子兴为滁阳王，这可能是因为郭子兴生前要在滁州自立为王，当时朱元璋说：滁州四面环山，舟楫商旅不通，非可旦夕安者也。朱元璋从军投在郭子兴帐下，虽然有时郭子兴怀疑他对自己不忠，但总的说对朱元璋还是很不错的，将义女马氏许配给他为妻，这位贤内助对朱元璋帮助不少。后来，朱元璋又娶了小夫人生下的女儿小惠，后封为郭惠妃。因此他追封郭子兴为滁阳王。并亲自写了一篇《祭滁阳王文》的文章：

曩者，群雄鼎沸之时，民不堪命。王乃奋臂定远，拔濠城而守之。朕方从军，几被他人所害，惟王能活我，致有今日，尽平天下，家国已成，再生之恩，终世难忘，今者督工凤阳，道经环滁，茔祠在斯，遣官致祭，尚飨。

有一年春天，朱元璋驾临中都时，左右不见开平王常遇春，想到他已去世五年，不免有点伤心。他想起常遇春为他打天下，奋不顾身，鄱阳湖救驾，差一点丢了丧命。朱元璋对这位老友也是很怀念的。从他写的《中都祭开平王文》一文中可以看出来。全文如下：

思尔相从，于今二十有二年矣，然尔去世，倏经五载。若观容听声止有一十七年耳，当前十七年间，东征西伐，栉风沐雨，奋不顾身，开拓疆宇，朕知尔心。至如严号令，帅三军，摧坚抚顺，英风冠世，海内知名。其为丈夫也，莫不慨然心至。生也如是，死也封王，襄宇既称，祖宗光耀，子受公爵，女嗣后基，今古如是者，甚不多见。今年夏四月，朕亲至中都验功劳。公侯相从，护驾者群。然行失尔队，列亡尔班，使朕心恻然。因祀在斯，特以牲柄醴享尔如生，尔之昔友，皆随来奠，神其不昧，尚飨！

另一篇《祭仲姊曹国长公主文》，也同样写得声情并茂，全文如下：

感伤父母鞠养之恩，思惟姊孝父母之专，时刻有省，油然动心。更思父母初逝，兄弟相离，姊我是别。当是时也，天各一方，悲伤痛切，

惟鬼神知。我此时虽居至尊，未尝有忘也。节届孟秋，特遣内臣奉御徐庆，赍衣仪，诣姊坟所，姊其享牲醴，受衣仪，悦父母之英灵。尚飨！

客观地说，没有读过几天书的朱元璋当上皇帝后能刻苦读书，成为能诗能文的人是很不容易的。他知道念书的重要，学识的可贵，就想尽法子让太子、诸王，甚至功臣的后代读书。他曾修建了大本堂，召些宿儒高手来教太子和诸王读书，并让优秀儒生伴读。

他曾这样说："有块好玉，要请巧匠雕琢，有块纯金，要使能工打造，才能成为好器物。有好子弟，要请名师教导。如果只求名工巧匠，不请名师，岂不是爱子弟反不如爱金玉么？师傅要以身作则，因材施教，培养人才，因为太子、诸王将来要治国；功臣子弟，将来要做官办事。"

他的确是一个聪明的君主，他要求教学要先正心，心正万事可通达，可办好；心不正，诸欲攻心，任何事也办不好。他认为学问要紧，品德尤为要紧，学习更为要紧。

台湾著名作家罗兰曾经说过：成年人慢慢被时代淘汰的原因，不是年龄的增长，而是学习热忱的减退。要衡量一个人是否有更大的发展，不是看他眼前职位的高低，收入的多少，而是看他是否随时学习。一离开学校就停止学习的人，不会有光明的未来。这是因为学习不仅为我们的成功提供了重要的知识积累，更为我们的发展提供了强大的推动力。因此，无论是莘莘学子还是已经离开学校走上社会的人，都应该树立一种学习的心态，在追求成功的过程中始终保持良好的学习习惯。

从这个角度来说，朱元璋一开始是不幸的。由于家境贫寒，他丧失了读书的机会。然而，在起跑线上的落后并没有影响朱元璋以后的发展。这是因为，朱元璋意识到了知识的重要性，他懂得利用一切机会来充实自己的知识，提高自己的素养。

不可否认，朱元璋学习的起点很低，但他十分好学，对待儒士的态度也很恭敬，在他的身边不乏饱学之士，例如冯国胜、陶安、刘基、朱升等，随着一大批儒雅之士进入朱元璋的智囊团，朱元璋在与这些人谈古论今、分析时势时，也受到了"润物细无声"的熏陶。同时，在这一过程中，他也提升了个人素质，开阔了自己的眼界。

更为重要的是，朱元璋在学习上非常自觉，即使在马上打天下的战争年代，他也总是争分夺秒地读书。这种习惯难能可贵，而且他对学问的追求，即使在建国称帝后也并未改变。建立了明朝之后，朱元璋下令在奉天门专程建立文渊阁，用于收藏各种经史子集，并且请来了若干名文采不凡的大学士，长期在此处研究各种文化典籍。他自己也常常亲临，"命诸儒进经史，躬自批阅，终日忘倦"。

朱元璋喜欢读书，尤其对史书情有独钟，他在曾经的历史故事里，总结了各朝各代兴亡的经验教训，并以此为戒。虽然没有上过学堂，但他的文化程度经过多年的苦读，有了极大飞跃。"太祖高皇帝在军中喜阅经史，操笔成文，雄浑如玄化自然"。朱元璋对此也颇为自豪，"我起草野，未尝师授，然读书成文，涣然理顺，岂非天生耶？"当然，这里面有朱元璋自诩的成分，但是，不可否认，多年知识的积累已经使朱元璋完成了从草莽英雄到知识分子的转变。例如：在研习《尚书》的时候，朱元璋发现，当时流行的各种版本，注释并不统一，于是他就请来诸多学者进行修改订正，终于著成《御注洪范》，这也是朱元璋的影响

下的中国伟大学术成果之一。另外，经过多年的自学，朱元璋不仅能够自由地创作诗词，而且能够流畅地写赋。这足以证明朱元璋的勤奋好学并非浪得虚名。据统计，现存朱元璋各体诗词共计100余首，这些诗词气势磅礴、颇具王者之风。

古往今来，成大事者多勤学不辍之人。宋代著名的诗人、政治家范仲淹就是一个勤学不辍的人。范仲淹很小的时候父亲就去世了，母亲改嫁到长山，嫁给了一个姓朱的人，在这短时间里，范仲淹一度跟着继父姓朱。少年的范仲淹很有志向和节操，长大之后，知道了自己的出身和家世，于是哭泣着辞别母亲，到应天府，投靠亲戚，在亲戚的支持下进行学习。范仲淹学习很是刻苦，昼夜都不休息，冬天困极了，用冷水泼脸使自己清醒；有时候经济供给不上，只能依靠喝粥度日，人们所不能忍受的艰难，他都不嫌苦。后来他考中了进士，做到了广德军司理参军，并把把母亲接来赡养。到后来勤学不辍的范仲淹终于成为了一代名相。

朱元璋的高明之处就在于他正视自己读书不多的现实，始终保持着学习的心态并付诸行动。经过天长日久的积累，他不仅熟读史书，更能写出不错的文章。他身上这种学习的自觉性很值得我们学习。假如朱元璋不坚持学习，也许他也能成为一个不错的军事统帅，但是，绝对不会成为虽有争议却政绩卓著的帝王。因此，无论在什么时代，人们都应该随时注意为自己补充知识，使自己成为一个有素养的人。

学习的过程有时候就是一种自我考验的过程，所以，有些人把学习视为畏途，能躲则躲。可是，在如今这样一个知识经济的时代，知识的更新换代可谓日新月异，如果放弃学习，那么就等于每天都在落后于时代。这种落后也许在较短时间不会对你造成太大的妨碍，但是，如果你墨守成规、对知识的更新视而不见，那么，不要说走向成功，就连在社会中生存和立足都很困难。所以，我们应该多学习朱元璋那种自觉学习和善于学习的精神，并且做到善于思考、善于分析、善于整合、善于创新，这样，成长之路就会变得通畅起来。

天道酬勤

勤劳是一种美德，懒惰却是全人类本性中的劣根。在我们的工作学习中，每时每刻都会产生怠惰的思想，这就要我们时刻监视自己，认识到勤劳的重要性，在怠惰思想产生之初，就将其消灭，保证自己一直处在一种向上的激情中，不断地努力，以追求成功。

朱元璋的一生可以说是辛勤不辍的一生，直到其41岁称帝，还是不讲究吃穿玩乐，并把全部精力和时间用在管理自己所开创的朱家皇朝事业上面。

朱元璋事必躬亲，凡是朝廷内外的大事小事都要亲自过问，除了阅读奏疏，批示公文，每日通宵达旦之外，还要微服私访，亲自考察，了解实情。他所以不辞劳苦地这样干，一是防止大权旁落，二是他不放心下属官吏。朱元璋将一切权力都高度地集中在自己手里，他不但要独揽大权，小权也要独揽。他自从经历了胡党、蓝党案以后，对丞相以下官吏更是放心不下。一怕他们办事不尽心尽力。二怕他们徇私舞弊，更

怕臣下利用职权结党谋逆，推翻自家江山，取而代之。因此，再累，再忙，朱元璋也要自己干。

朱元璋也确实能干。他每天要听汇报或看文牍200多件，要处理400多件事。不仅处理军政事务勤劳不怠，他还笔耕不辍，除了亲制政令诰书、敕文、诏谕之外，还写书信、祭文、游记、论文、碑文、书序、辩说、问难、策试、颂赞、诗赋、传记等各种体裁的文章，这对一个仅读了两年书的朱元璋来说，是辛勤学习、努力的心血结晶。这些宝贵的文字材料，为人们提供了研究明代社会的第一手参考资料，也为我们研究朱元璋提供了可靠的依据。

朱元璋是勤奋成才的皇帝，他不仅身体力行，还做文章鞭策自己，教育后人，其中《勤惰说》，至今仍值得一读：

昔有勤、惰，居同乡，其志则同，其操则异。且勤者当为民时，夜则燃灯阅古，昼则腰书力田，家奉颇厚。其惰者同时而民，其为人也，精文学，他务不作，日未暮而寝，日已高而起，食毕诵书数行，而即悠悠然，自以为志士清高。一旦，诣勤者田，谓勤者曰："君子之学，精一无二，足下与吾同道，何不如我之优游，博览群书，以待明君之用？"勤者曰："公，君子也，导我以学，良哉，终不忘。然先生教我罢农及他务而专书，然农、书俱不弃也。亦可为之。"惰者曰："如此必苦其心志。劳其筋骨，况读书之心且不专耳，是为不可。"勤者曰："先生之读书。以日为计而专。某以农虽略少妨，则以夜代日，则又如先生之学矣。"其惰者飘然而笑往。一日，君知二人皆儒者之学，道统之传，命使召至京师，各职以官，皆侍驾而朝焉。其君臣之务，朝廷大事，其为臣也，必凌晨而趋，待漏而见，日暮而归，犹不恬寝。所以者何？且凌晨而趋，不敢不若然也。昔君有善政者，必庭燎煌煌，故天子有五鼓而兴，百僚皆四鼓而起。此其所以必政务也。日暮而归不恬寝者何？恐君余政而复召，故不敢肆。朝廷之务，君臣之勤，有若是也。其勤、惰应是职，斯二人当为士之时，独勤者色颇憔悴，其惰者美色佳容。一旦临事，则憔者容。容者憔矣。或曰"斯二人昔若是，今后若是"。傍曰："何？"曰："君不见蓬首垢面者谁？"曰："昔惰者耳"。曰："颜貌巍巍，精神光灿者谁？"曰："昔勤者耳"。曰："吾所以言昔若是，今反若是，正谓此也。"曰："尔所不知其详耳。且昔勤者衰。惰者盛，以其勤者劳于筋骨。操其心志。惰者盛，以其逸而无操，致筋骨之放纵耳。"曰："公所言未当，吾观勤者昔为民时，因勤，家奉颇丰，其容颜当盛衰，何也？其惰者因惰，家奉颇薄，颜色反盛，此其所以足下之说不同也。"曰"公知其一，不知其二。夫勤者当色而不色，为虑有三。一为虑恐衣食不足，而不善终，虑之一也。次为丈夫于天地间，身后无名，惜哉，虑之二也。三为恐学不博，不能为君之用，虑之三也。所以颜色不盛为此也。其惰者奉且薄，却乃颜色美，为忘志而不虑，苟得淡饭黄韭，足以美其腹矣。腹既饱矣，心无志矣，亦忘虑矣。与禽兽何异哉？颜色岂不盛欤？君不见鹿鸣呦呦，食野之苹，斯草乎？料乎？"曰："草"。"鹿之肥者何？以其无知也。一日捕至，令食料而牵车，料岂不美乎？而乃减精神，去肌肤，是由不苦而苦也。艰哉牛之为物也，亦草之为食。当是时，肌肤颇定，无盛衰之增减。一旦驾耜于畎亩，主以料饲之，其牛也精神倍出，力致千钧。吾所以言者，斯皆兽也，其所用有异，事在涉与不涉耳。今勤，惰

二人，皆人也，难比兽，以事之说与兽合若是。"一日，君命勤者职水部，勤乃往达所在，水害利，堤防坚，斯称职也，君赏加焉。其惰者职教布种，惰者往达所在，罔知布种之时宜，其以民之利，反为民之害，妨农害稼，无功而归。君略少责焉。惰者志哉，即诣勤者居，谒其人，谓曰："足下平日之学，比吾颇简，今之用也，何过吾之若是，致君褒美焉？敢问得何圣人至精至微之道？"曰："无他。经不云乎：顺天之道，因地之利。先生熟之矣。""然熟则熟矣，吾但知理若是，今之行也，则又不然。"曰："且吾防水道，顺天之时，则一书而不异。所以顺天时，吾乃职水之务。斯水也，春阳方兴。炎暑潦水大作，使之堤防，即天时也。冬三月天地闭塞，农且有隙。四泽枯涸，坚冰实地，斯可以堤防也，顺天时也。其水之性，使注而往，使不可往而止，顺其性而导其行，勿使泪乱，五行差谬，此其所以因地利、合时宜也"。其惰者既听斯言，稽首鞠躬，乃曰"於戏！博学匪学不若无，简艺精专以为用，不亦妙乎！"

朱元璋辛劳治国，政务繁重，精神高度紧张，马皇后死后，由于伤感，更觉体力不支，心律不齐，跳动过速，有时发烧，但是，即使他做梦也在想着皇朝的年成。至今尚存《梦游西岳文》：

猗西岳之高也哉，吾梦而往。去山近将百里，忽睹穿云抵汉，岩崖灿烂而五光。正遥望间。不知其所以，俄而已升峰顶。略少俯视，见群峦迭嶂，拱护周迫，苍松森森然遮岩映谷，朱崖突兀而凌空。其豺狐野鸟，黄猿狡兔，略不见其踪。峭然洁静，荡荡乎峦峰，吾将周游岳顶，忽白鹤之来双。蓦异香之潦绕，管弦丝竹之声，杂然而来。天意试仰观，可河汉之辉辉，星辰已布吾之左右。少时，一神跪言曰："慎哉，上帝咫尺"。既听斯言，方知西华之高，柱天之势如此。于是乎诚惶诚恐，稽首顿首，再拜瞻天，愈觉神清气爽，体健身轻。俄闻风生万壑，雷吼诸峰。吾感天之造化，必民获丰年，遂举手加额，豁然而觉。於戏！朝乃作思，夜必多梦。吾梦华山，乐游神境，岂不异哉！

明太祖懂得作为最高统治者，必须克勤克慎，他让人把《尚书·无逸篇》抄在宫中墙壁上，以便自己朝夕观阅，颇有一日三省的味道。为了治理王朝，他勤于政务，日夜操劳。他曾说："朕自即位以来，常常以勤政自勉，往往天不亮就临朝，要到黄昏时分才回宫。夜里还睡不安稳，常常披衣而起，或仰观天象，见一星失序，心中警惕；或思虑民事，有应当迅速办理的，按条笔记下来，等到天亮处理。"实际上他一天的作息时间是这样的：四更鼓敲过，他就起身，天不亮已临朝，正午罢朝，稍有空闲与诸儒讲论经史，到下午三点以后，又在朝堂听政，处理国事，直至黄昏掌灯时分，他才还宫。无论春夏秋冬，一年四季，都是如此。如果身体不适，也勉强自己出理朝政。凡有言事的，不管如何身卑位轻，他都召见；边疆哪怕有小小不安，他也一夜不眠，考虑消除祸患的办法。

全国的政务，事无巨细，他都一律要亲自过问处理。因此他极为繁忙。根据记载，洪武十八年（1385年）九月十四到二十一日的八天里，明太祖批阅了内外衙门章奏1660件，处理国事3391件，平均起来，每天他批阅的章奏达200多件，处理的国事有400多件。数字惊人地揭示了明

铁血建功

朱元璋有话对你说

太祖过人的精力和理政的勤奋。

明太祖的勤政，是他总结学习古人成败经验教训的结果。他说过："自古统治国家，勤勉兴国，惰逸废国，勤与逸，所系的是国家理乱盛衰大事。"因此，他力戒骄傲，处处勤勉小心。

古代帝王中，能够流传于世的，许多都是勤政的帝王。千古一帝秦始皇，每天批阅的奏折重量都要超过自己的体重（秦始皇时期奏折是写在竹简上的，故而很重）。朱元璋的儿子，明成祖朱棣也是一个勤政的帝王。明成祖一直都是四更起床，五更早朝，就是我们现在时间的凌晨两点就起床，四点就要开始早朝。

作为开国之帝，勤奋好学的明太祖经历了风云变化、逐鹿争雄的艰苦创业过程，对江山得来不易有着深切体会，因此，称帝后，他勤勉不息，竭尽心力，日理万机，励精图治，从用人的务求实才，到任官的重视实绩，从言辞的反对虚文，到生活的力戒浮华，都是一心要为子孙后代留下一个稳固的基业。

正所谓天道酬勤，辛勤奋斗的人才能最终获得成功，放眼古今，辛勤奋斗写满了人类的历史。古代著名学者匡衡，小时候家里没钱点灯，一天他发现隔壁晚上都有灯光，于是他凿开墙壁，借着小孔的灯光看书；书圣王羲之勤于练笔，终于成为了一代书圣；我国著名数学家华罗庚家里很穷，初中没有毕业就辍学在家，但是凭借自己勤奋的毅力自学成才，成为享誉世界的数学家。

在我们的发展之路上，无论从事什么样的工作，都不应该消极怠工，无论何时何地，辛勤工作都是我们成长之路上重要的品质。宝剑锋从磨砺出，梅花香自苦寒来，只有辛勤工作才能获得更大的成功。

教子有方

　　古代的学者，大多追求一种修身齐家治国平天下的人生道路。身修则家齐，家齐则国治。修身之道，会延续到治家之中，治家之道的延伸，则是治国之术。可见齐家之术有多重要。古人治家，除了父母兄弟之间和谐相处，最重要的体现，就是对子女的教育。

　　朱元璋妃嫔众多，她们为他生育了26个儿子、16个女儿，其中二子二女早殇，共有38个孩子长大成人。朱元璋认为他的儿子们"将有天下国家之责"，非常重视对他们的培养教育。

　　朱元璋在很多活动中都会对子女进行教育。吴元年（1367年）八月，朱元璋出城祭祀山川毕，即将回宫，对随行诸子说："人处富贵，则必骄奢，身处安逸，则忘辛劳。现在国家初步安定，百姓稍得喘息，你们知道他们的劳苦吗？能够熟悉世事人情，就不易流于骄奢怠惰。今天士兵们半夜即起，扈从至此，还未吃饭。你们都要步行回去，亲身体会劳苦，将来不至于骄奢怠惰。"不久，他又派13岁的长子朱标和12岁的次子朱棣前往临濠谒祭陵墓，训谕说："人们都说商高宗、周成王是贤明的君主，你们知道原因吗？商高宗曾亲身参加劳作，了解民间疾苦，周成王在周公的教导下，也深知稼穑之艰难，所以他们在位时勤劳节俭，不敢懈怠，成为商、周的好君主。你们生于富贵，不曾涉历艰

难，习于安逸，必生骄惰。现在让你们去旁近郡县，游览山川，经历田野，观小民之生业，以知衣食之艰难，察民情之好恶，以知风俗之美恶。到了祖宗陵墓所在，你们要访求父老，询问我起兵渡江时的事情，牢记于心，以知我创业之不易。"

朱元璋珍爱他的帝业，也更爱他的子女们。但子女中，朱元璋最爱的还是他的长子朱标。在众多的子女中，朱元璋尤其重视对他的教育。

下面就看看朱元璋在处理刘伯温时，对朱标的启示。自从朱元璋去了开封，李善长一直是每天早早地就起来，准时到朝堂去，认认真真地处理好每天该处理的朝政大小事情。朱元璋从大都回到南京，他即刻去见朱元璋，要向他汇报朝廷的事情。

李善长来到后宫之后，张公公客气地对他点点头，进去通报不久，回来带他去见朱元璋。君臣之礼之后，李善长对一旁的太子夸赞了几句，然后就开始反映情况，说："如今天旱太久，南京周围，田土开裂，庄稼干枯，不少地方，恐怕是要颗粒无收了。"

朱元璋对农民有着很朴实的感情，对农时的好坏也非常关心。李善长的话，引起了朱元璋的注意，他认为李善长一定是有什么好建议要说出来，看了朱标一眼，示意他也要认真地听一听，谁知李善长的话头一转说："有一件事，不知皇上是否听说。"

"是什么事？"

"就是在杀李彬时，刘伯温说过，杀李彬，天必雨！可是现在，李彬的骨头都让蛆虫吃光了，老天爷却还是没有下雨。"

李善长之所以一直要找朱元璋，主要还是要向他说李彬的事情。因为李彬被杀，李善长已经怒不可遏。从前他曾那么敬重刘伯温，是真心佩服刘伯温的能力，他李善长跟随朱元璋这么些年，实在是太希望他能早一点取得天下。可如今，天下已经取得了，自己又比他官大，以前的那点佩服荡然无存，刘伯温倒显得有些多余。李善长不能容忍刘伯温这么不给他面子，从刘伯温拒绝他救李彬的第一天起，李善长发誓要报复刘伯温。从这以后，李善长就一直在找报复刘伯温的机会。不久，他自认为已经抓住了刘伯温的辫子，所以才一直想见到朱元璋。今日他十分得意地来了，一心想借朱元璋之手，将刘伯温干掉，以泄心头之恨。

却不料，朱元璋听了关于李彬的事，心里非常烦，但还是不动声色地问："依丞相之见，该当如何处置？"

李善长想了想，一字一句地说："李彬犯贪，应当斩，我也看了皇上的圣批，正是这么定的。可是，当时南京已经处在大旱中，我曾建议刘御史待大旱过后再行刑，他却一点都听不进去。当了大家的面说了那样的话，如今百姓议论纷纷，说朝廷的话不算数，这大大影响了朝廷的威信，不加惩罚，不好与百姓交待。"

"你看这事该怎么惩罚？"朱元璋听李善长讲完，眼瞪着他问道。

李善长一时语塞，稍一停说："刘伯温是朝中大臣，一生建功颇多，怎么惩罚，还凭皇上做主，臣下照办就是了。"

"待我想一想吧。"朱元璋说，示意李善长离去。

跟了朱元璋十多年，李善长对朱元璋的每个眼神意思都了解得很透，于是连忙告辞。李善长走后，朱元璋问朱标："你说，这事让你来办，该如何处置？"

"我认为刘御史这回预言虽说不准，但最好是不要处罚。"

"为什么？"

"老天爷想做什么，人是很难清楚的，更何况，如今的天旱，绝不是刘御史造成的。"

朱元璋听后，哈哈大笑起来，说："皇儿这样的回答，思路上有问题。作为皇上，如果只是以事论事，或是以常理来处理问题，这皇上是断断做不下去的。"

朱标听了，大吃一惊，目瞪口呆地望着朱元璋，那意思分明在问：要处理问题，怎么不以事论事？又怎么不按常理？

朱元璋见了，清楚朱标心里的话，微笑着望着他说："这种事情，你需要动动脑筋，自己先好好想一想，印象才会深刻。实在想不出来，父皇再讲给你听。"

朱标听了，果然认认真真地思考起来。

太阳都已经下山了，朱标还是想不明白父皇的训示。在他看来，处理大臣间的纠纷，就该就事论事，就该按照常理，如不其然，怎么能讲得清，又怎么能让人服气。朱元璋看着朱标一脸困惑的神情，知道给他再多的时间也难得想明白，于是叹息一声说：

"皇儿，让父皇来告诉你，但凡遇到臣子们相互告状时，你首先要去分析他们告状的原因，弄清楚他们为什么会告状。至于其间的是非曲直，当皇上的根本不用去弄清，因为皇上一旦把告状的原因弄清楚了，皇上就能够决定用什么方法来处理了，问题也就已经解决了。"

朱标听了，更加吃惊。望着不解的儿子，朱元璋笑着开导他说："你说说，李善长为什么要告刘伯温？"

"因为……刘伯温预示天气不准，会影响朝廷在百姓们心中的威信。"

"那么，刘伯温为什么要来预示天气呢？"

"因为，他要杀李彬。"

"他要杀李彬，父皇也批准了，杀了不就行了，为什么要去预示天气？"

"因为李丞相说天旱太久……"

"行了，你再想一想，李善长为什么要告刘伯温？"

"因为李彬……"朱标虽然说出来，心里却没有底，眼睛一眨都不眨地望着父皇。

朱元璋听了大笑起来："皇儿，这回你说对了。李善长之所以要告刘伯温，就是因为李彬……这才是问题的关键。你知道李彬是什么地方的人吗？"

"濠州。"

"对，他是濠州人，我们也是濠州人，李善长也是濠州人。皇儿现在明白了吗？"

"有些明白了，李丞相是在维护濠州人，让父皇也来帮他维护濠州人。"

"你说，父皇能成全李善长吗？"

"不能！"

"为什么？"

"因为皇上要主持公道。"

"对，说得很好，皇上要主持公道。还有其他的理由吗？"

朱标摇了摇头。

"还有一个重要的理由，父皇现在说给你听，你一定要记牢这句

铁血建功

朱元璋有话对你说

话，今后，一辈子都要记牢这句话。"

朱标认真地点点头。

"皇上要主持公道，更要权衡朝中各方的力量。无论是在什么时候，都不能让某一方力量在朝中坐大。现在的濠州人，在朝廷里势力太大了，这就是李善长他们做的好事！皇儿你一定要明白，整个天下都是皇帝的，当皇帝的要做全天下的主人，就不该再让别人在朝廷里拉帮结派，分裂自己的天下……"

朱标感觉到父皇的话，许多与宋濂教的有矛盾，但他却不便开口发问，只是挂记着刘伯温的命运，不知父皇会怎么处罚他，忍不住替刘伯温求情说："父皇，儿臣认为，刘伯温此事虽有错，但并没有罪，还请父皇不要惩罚他。"

朱元璋摇了摇头说："这事不能从有罪还是有错来考虑，皇帝考虑问题，只能从怎样有利于江山社稷的稳固来进行。现在打得了天下，朝中的一些人却在结党营私，刘伯温虽然有许多地方不能让我满意，但他从不跟这些人搞在一起，单凭这一点，我是不会亏待他的。"朱元璋说到这里，停下来望着他的儿子朱标。

朱元璋记得，在他刚刚得到天下时，曾招刘伯温来征询有关天下治理的事，刘伯温告诫他说："元朝以宽纵失去天下，因此只有严肃法纪，立纪陈纲，才能救济斯民。"在这一点上，说是刘伯温的告诫，不如说是刘伯温的附和，因为朱元璋虽曾教朱标要善待罪犯，但本人却非常喜欢严刑苛法的。他曾私下里对马秀英说："朕收平中国，对于元末法纪纵弛导致的各种弊端，非猛不可。"既然在这个问题上君臣的看法如此统一，给他一些惩罚他是可以接受的。更何况，这一边还必须安抚李善长的心。朝中的许多大事现在还需要他打理，不可以让他有太多的不满意。想到这里，朱元璋迎着儿子满怀希望的目光，说："作为皇帝，在对待臣子的问题上，要惩罚分明。这一次，刘伯温预示不准，李丞相说的也有道理，不惩罚刘伯温是不行的。"

在朱元璋回想过去的短暂时刻，朱标一直满怀希望地望着他的父亲，如今听了这句话。目光中的希望渐渐逝去，代之以一种深深的惋惜，说："这一回，刘伯温实际上是无辜的。"

"朕已经跟你说过，皇帝处理臣子之间的矛盾，需从大局出发，不应该只看他们的是是非非有辜无辜。这话你一定要记住！"朱元璋突然严肃地说。

"孩儿谨遵父命。"朱标的声音不大，说完便垂下了头。

朱元璋见了，心里知道儿子一下子还没有完全接受。他何尝又不知道刘伯温无辜，但为了安抚李善长，还是要给他较严的处罚。为了让刘伯温也能安心受罚，便得让人去找来刘伯温，亲自给这个天下第一谋士讲讲，也好让他心服口服。至于朱标，还得慢慢来。朱元璋心里这么想着，对儿子说："这些事情，你不仅要遵父命，而且要认认真真地去想，要把他想通，要明白其中的道理。只有这样，今后才可以独立地处理许多事情。"

"孩儿一定按父皇的话去做！"

朱标这一次回答得很真诚，朱元璋听了，满意地一笑，说："你去吧！"孩子是一个人的生命在世界上的延续，对孩子的教育，就相当于将自己生命的一部分传递下去。如何教育孩子，就成了一门很重要的学问。

中国人素来是重视子女教育的。《三字经》有"人之初，性本善；

性相近，习相远""养不教，父之过""苟不教，性乃迁"的话。这些是说对于子女若不进行适时教育，他就会偏离正常的人生轨道。所以，要经常教育子女，要适时地对其指导，让他们在成长的道路上走正道，少走弯路。

教育子女要讲求方法，讲究实质内容。要实事求是，少用暴力，多讲道理；要有耐心，诲人不倦；要讲真话，不能欺骗孩子。

为人父母要有一份责任，做人上司更应有一种负重的感觉。对下属要时时提醒，对于一些偏激的行为该批评的批评，该警告的警告，该处理的处理。不怕得罪人，不怕暂时的白眼与不服，从大处着眼，从长期着眼，这样做是值得的。

躬行节俭

古语说得好：克勤于邦，克俭于家。可见古人对于勤俭节约的重视。在物质不丰富的年代，节俭成为了生存的本能，也支持了人类社会的发展，但是在物质日益丰富的时候，勤俭是不是就要过时？当然不是，正所谓，成由勤俭败由奢，不论什么时候，节俭都应该是我们要弘扬的一种美德。

朱元璋出身下层农民阶层，身上保持了中国农民的质朴品质。早年在打天下的时候，朱元璋的俭朴就已经天下闻名。而在当时的江南群雄之中，陈友谅和张士诚的奢侈是有名的。这不奇怪，朱元璋小时候家里经常是吃了上顿没下顿，每天寻思着吃什么，是树皮还是树叶，而陈友谅虽然也不是什么富主的孩子，但是当时他比朱元璋有钱的多，而且陈友谅一直害怕别人看不起自己，心理作祟，所以在排场上一定不叫别人小瞧了自己。张士诚家也是八辈贫农，但是起义之后，占领了南方富饶的地方，吃米饭，吃一碗倒一碗，绝对不会出手小气的。

1364年，朱元璋打败了陈友谅后，终于称王，自称吴王。当时江西行省的省长为了讨好朱元璋，就把陈友谅曾经使用过的一张镂金床送给了朱元璋。朱元璋把这张床放在朝堂，对亲信的官员们说："五代十国时后蜀的孟昶曾经有一个镶满宝石的尿壶，招人耻笑。在我看来，这镂金床与宝石尿壶简直是异曲同工。一张床尚且奢靡至此，不难想象陈友谅是一个多么铺张浪费的人，怎么能不自取灭亡？"随后，他下令派人销毁了这镂金床。

朱元璋手下的一拨人看到朱元璋这样做，自然要发表一下自认为是高论的高论，其中一位应声说道："未富而骄，未贵而侈。这就是他陈友谅败亡的原因。"朱元璋听了，心想这简直就是谬论，他说："有钱了就可以骄横吗？有地位了就可以奢侈吗？别拿着鸡毛当令箭！你看哪个朝代领导人人不是谦虚又和蔼？就那些手下的小官儿们才觉得自己了不起。如果有了骄侈之心，即使富贵，也难保得住，人的欲望就是填不满的沟壑。处在富贵的地位，就是抑制奢侈，注意节约，还会有小人在你旁边说三道四，何况那些骄奢之举？如果对骄侈之心不加以控制的话，败亡是必然的。这可是前车之鉴，不能重蹈覆辙啊！"

朱元璋家往上推十好几辈都是贫农，所以他非常了解农民的处境，同情农民。洪武二年五月，他从南京郊外回城，见到几个老者挥汗耕

田，不禁想起他的父亲，于是下马步行。边走边对身边的大臣说："我好久没有在地里干活了。刚才看见农夫顶着大太阳耕田，心里觉得他们真可怜，不觉下马步行。农为国本，国家的需求都由他们供给，不知地方父母官会不会怜悯他们。身处富贵而不知贫贱的艰难，古人常引以为戒。衣帛当思织女之勤，食粟当思耕夫之苦。"

有一次他到东阁视察，天气很热，南京这个地方是有名的火炉，衣服每天洗好几次，除了自己拿水洗之外，剩下的就是出汗洗的。当然朱元璋跟普通人不一样，他是皇上，不能败坏整个国家的形象，一些侍从为他拿着衣服，朱元璋的衣服湿了，就送上一件换下来。但是身边的官员们看到，朱元璋每一次换下来的衣服都是穿得很旧、洗了又洗的衣服，有些衣服领子上都有缝过的针脚印。一位叫李思颜的官员说："您这么节俭，真值得子孙后代学习，是子孙后代的榜样。"朱元璋节俭是从爱民出发的，他说："忧人者常体其心，爱人者每惜其力。"意思就是说为百姓担忧的人常体会他们的心境，爱护百姓的人就要爱惜民力。朱元璋说，我每一次吃饭，就想天下百姓是不是也吃饱了，每一次穿衣，就想天下军民是不是能够穿得暖。

朱元璋的节俭从来都是以身作则。因为他明白，要想为人师表就要以身作则。他也总把一句话挂在嘴边："金银财宝不是宝，勤俭才是传家宝"，所以无论是吃还是穿，朱元璋都不求花样翻新。至正二十六年（1366年）修建宫殿的时候，他不准工人们用彩绘，更不准用漆；他要求在自己媳妇儿们住的地方，墙壁和屏风上，都要画上耕织图，这样在吃饭的时候就没有人掉了饭粒觉得无所谓了；在儿子们住的房屋墙壁上画的是朱元璋的出身和经历，让他们知道自己的爸爸有多不容易；在各个殿堂内，墙壁上也不能浪费资源，写点名言警句，比方说"修身养性治国平天下"等等；朱元璋是农民出身，尤其喜欢自己家菜园子里的菜，新鲜、水灵，好吃。他下令在宫内空闲的地方种菜，在没事儿的时候，时常来到这里看小太监灌园，捉虫除草。

朱元璋除了严格要求自身外，对他的嫔妃和内侍们的要求也很严苛。有一次，朱元璋正在后宫散步，看到地上散落了不少丝线，其中有一些较长的还能使用，朱元璋就派人叫来那些专管女红的宫女们，对她们大肆批评了一番。并且订立了规矩，以后凡是宫中再有人肆意浪费，严惩不贷。

还有一次，他看见两个宦官，没事儿穿着新靴子在雨中走，这让一向节俭的朱元璋怒火中烧，马上派人把两个小太监传来，狠狠训斥了一番。

对于不懂得节俭不知道珍惜的人，朱元璋一律予以惩罚，不管是谁，王子犯法与庶民同罪。但是对于那些节俭朴实的人，朱元璋也毫不吝惜自己的赏赐。

洪武三年，有一位姓刘的典史进京朝觐。朝觐就是每个地方的官员定期来到京城，向皇帝汇报自己属地情况，报告一下收成之类的事情。这名姓刘典史来到京城，如数汇报了自己工作，没想到得到了朱元璋的大肆赞赏。原因就是朱元璋见他穿着破旧衣服，袖子的内里都翻出来了，领子也磨破了，非常感动，认为此人绝对没有搜刮民脂民膏。朱元璋对群臣说，如今，不少官员为了自己的享受，贪赃枉法，把百姓的死活弃之不顾。反观刘典史，却穿着这样的服装就来面圣，可见他十分廉洁，没有滥用职权，残害百姓。听到朱元璋的这番话，一些和他熟识的官员也主动站出来，汇报说，这位刘典史确实和朱元璋想的一样，家里

第八章 朱元璋对你说修身齐家之道

233

只有几间破瓦房，勉强能住人，连像样点的家具都没有，是位深受百姓爱戴的清廉官员。朱元璋听完之后，对刘典史更是赞誉有加，下令给这个刘典史赏赐了不少衣帛，以示鼓励。

朱元璋下令垦荒三年不纳税的政策后，济宁知府方克勤一直严格执行，使当地百姓的生活负担减轻不少，得到百姓称赞。但他自己生活一直非常节俭、朴素，一件布衣服，都要穿上十年，平时很少吃肉。洪武八年（1375年），在方克勤入京朝觐的时候，朱元璋对他大加赞赏，专门让皇宫的御厨给方克勤烹制了肉食，此时，方克勤接连三个月没有吃过肉了。

正因如此，很多清廉的官员因为都深受朱元璋的赏识，而博取了更高的官位，并且更加清明了。

节俭是中华民族的传统美德，我国古代有很多名人都深知物力之艰难，而厉行节俭。伟大的诗人苏东坡一生在生活上都非常注重节俭。

公元1080年，苏东坡被贬官到黄州的时候，条件困窘，为了能够生活，他制订了一套计划开支的特殊方法：那就是把所有收入平均计算，划分为12等份，每月1份；接下来，再将每1份继续平分，共分为30小份，每天就只用这一小份。他把每个月能开销的钱挂在屋梁上，每日清晨挑下一包来，只能少花，决不能多花一分。如果有钱剩余，就放在竹筒里保存，以备不时之需。

等到他在朝廷复职，出任高官的时候，节俭的良好习惯就被保留了下来。他订立了规章制度，每餐只能有一饭一菜，即使客人到访，也只能增加两个菜，决不铺张浪费，别人请他去做客也是一样。有一次，苏东坡的一位旧友邀请他来家吃饭，他嘱咐朋友，绝对不要大肆操办。但当苏东坡前去老友家赴宴时，发现见酒席十分奢华，他当下婉言谢绝了老友的美意，起身告辞离开。苏东坡走后，这位老友感慨道："当年东坡遭难时，生活很节俭。却没想到他现在身居高位，还这样节俭，真是难得可贵。"

"一针一线，当思来之不易；半丝半缕，恒念物力维艰"我们中华民族素有节俭作为传统美德之一，这在物质条件越来越好的今天，意义仍然不可小觑。

巴菲特被称为"股神"，是最成功的投资者之一，虽然身价不菲，巴菲特本人的日常生活却十分节俭。他的房屋相比于他个人的财富而言，可以说是能够忽略不计。值得一提的是，巴菲特所居住的地区，还被当地政府列为"有损市容"的地区之一。

巴菲特喜欢喝可口可乐是众所周知的事。他也是可口可乐的大股东之一，但大家不知道的是，他一直是自己出钱购买可口可乐，而且，总是以十分低廉的折扣价格，一次就购买50箱。巴菲特有一次在香港出差，还问宾馆的工作人员要来优惠券，去买打折的面包。

一个记者曾疑惑地问他："你有用不完的巨额资产，为什么还要这么节俭？"

巴菲特微笑着解释道："你知道什么是资本吗？资本的来源就是尽可能省下周围的每一分钱，每少花一块钱，就有了能用来投资的一块钱资本。"

记者更加不解了，他追问道："你消费如此少，你真的需要赚那么多钱吗？"

巴菲特大笑，说："我当然不需要，孩子。但是当我用这些资本去投资时，就会创造很多就业机会，推动社会的发展，而改变很多人的生活。"

这就是节俭的真谛，巴菲特不浪费资源的做法，值得我们每一个人学习。

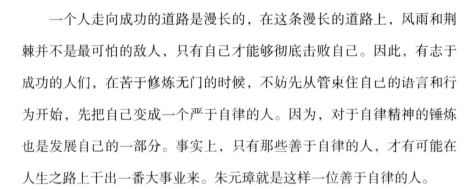

不可玩物丧志

一个人走向成功的道路是漫长的，在这条漫长的道路上，风雨和荆棘并不是最可怕的敌人，只有自己才能够彻底击败自己。因此，有志于成功的人们，在苦于修炼无门的时候，不妨先从管束住自己的语言和行为开始，先把自己变成一个严于自律的人。因为，对于自律精神的锤炼也是发展自己的一部分。事实上，只有那些善于自律的人，才有可能在人生之路上干出一番大事业来。朱元璋就是这样一位善于自律的人。

朱元璋非常重视谨言慎行，他强调说："安危治乱，在于能谨言与否耳。"朱元璋确实做到如此。在他的一生里，总之言行谨慎，远离莺歌燕舞之中，既不喜欢听戏，更没有留恋酒桌的癖好，惟一能算的上的爱好就是下棋了，而且，他也只是偶尔为之，来调节劳累的脑力。他从不大赏群臣，也极少设宴款待，即使偶尔设宴，也必定简朴异常。公元1368年，经过17年征战的朱元璋终于如愿以偿，登上了皇帝的宝座，这天，他为了奖赏开国元勋而设宴，但出乎众人意料的是，每人也只分得一碟炒猪肉、一碗炖山羊肉、几样蔬菜、一壶水酒而已。此后，朱元璋虽然成为了一国之君，但是，他既没有建造雕梁画栋的宫殿，也没有种植奇花异草的花园。每逢天灾人祸时期，朱元璋都要和所有亲人坐在一起，吃上一顿麦饭和野菜，来表示自己与民共苦。即使在丰收的年间，他的餐饮也极其简单，大多是一碗玉米粥、几个窝窝头或者来点米饭就足够了，大鱼大肉的荤菜很少出现在他的餐桌之上。

有一次，浙江金华府上供了一袋香米，朱元璋吃过一顿之后，觉得美味异常，但是为了不让官吏打着自己的名号去搜刮民脂民膏，朱元璋将剩下的大米全部退还给金华府，并且对上供的地方官吏进行批评，要求以后不得再上供。可是，朱元璋是在对香米的味道念念不忘，让他日思暮想。为了解决这个问题，朱元璋就专门派人到金华取来香米的稻种，命令内臣在宫殿中专程开辟了十几亩水田，自己亲自动手，春插秋收，终于吃上了香米。

朱元璋身为皇帝尚且能够做到谨言慎行和不玩物丧志，今天的我们远远没有达到朱元璋的那种成功，有什么理由去追求安逸和享乐呢？所以，渴望成功的我们，应自始至终严格要求自己，只有这样，才能永保进取心和旺盛的斗志，从而干出一番事业来。

一个人要做到不玩物丧志并不难，因为，玩物丧志的人在主观上也能够意识到自己的行为是错误的，只是缺乏自控力，一旦下定决心痛改，是能够改掉这些毛病的。但是，要做到谨言慎行就不是那么容易了，这是因为，很多人都喜欢图一时之快，信口开河，往往不知不觉地触犯了别人的禁忌或者伤害了别人的感情，而且很多时候自己根本就意识不到。所以，对于谨言慎行，一定要引起注意。

佛经有一句话："或身勉为善而口有过言"，这句禅语的意思是说

一个人约束自己的行为，并不是一时一地的，是要经常地督促自己，不断地改进自己的过错……如果一个人在一段时间里做到了谨言慎行，却在另外的时间里口无遮拦、玩物丧志，那么，这不经意的放任自流不但会导致自己在前阶段的努力全部付诸东流，而且还会为自己以后的发展埋下隐患。

早在千年之前，孔子就曾经教导他的学生们说话要有分寸，说话不能伤人。朱元璋不仅谨言慎行，严于自律，对于一些其他皇帝沉溺的一些玩物，朱元璋也一并戒除。

有一次，朱元璋正在和宋濂、朱标商议事情，这时来了一个侍从，对他说："陛下，北方的蓝玉进贡了一种奇鸟，名叫海冬青，一天能飞千里之远，现在就在西鹰房，陛下要不要去看看？"

朱元璋就让宋濂、朱标一起去看看。

只见一只巨大的纯白色的海冬青鸟果然在鹰房之中，被人用铁链子拴着，装在一个巨大的笼子里，这种巨鸟生在长白山、混同江一带，双翼展开长达丈余，体态巨大。

朱元璋看到海冬青，很是喜欢，饲养人看准时机，把笼门打开，只见那只大鸟展开翅膀，卷起了一阵狂风，把众人吓了一跳，海冬青起飞后没多久，就稳稳地落在了朱元璋肩上，众人拍手称奇。朱元璋说："这海冬青好像特别喜欢朕。"

宋濂博学多才，对朱元璋解释道，海冬青是有灵性的神鸟，知道长幼尊卑、礼仪人伦，金朝诗人赵秉文曾写诗夸赞，说它"俊气横鹜，英姿杰立，顶摩苍穹，翼迅东极，铁钩利嘴，霜柳劲翮"。从唐代起，这种鸟就经常被北方人进贡到宫中，这种纯白的海冬青最为难得，民间都称它叫白玉爪，唐朝还有规定，凡是流放到辽河、松江一带罪囚，只要能捕获海冬青，就可以将功赎罪。

朱元璋一边听着，一边不时逗弄着肩上的大鸟，那鸟竟一点也不生分，去啄食朱元璋手上的粟粒。朱元璋又问宋濂："如此说来，叫白鹰就好了，为什么要叫海冬青？"

近侍解释道："蓝玉随鸟附来一纸条，臣这才弄懂来历。过去称这种鸟是从鲸海上飞来的青色神鸟，鲸海地处东面，所以这种鸟被称为海东青，也有写冬天的冬，叫海冬青的，能捕到这种鸟，是天下大吉的征兆。"朱元璋一听，不觉喜上眉梢。

此时正在举行科举考试，朱元璋对人才的培养一向十分重视，不时亲临考场视察。

一天，一阵锣声响彻大街，朱元璋的列队浩浩荡荡地向贡院街进发，去视察考场了。

走在仪仗队最前方的是执门旗的五名红甲士，旗下有四人手执弓箭，随后是五名白甲士执月旗，旗下四人手执弩，之后又有风、云、雷、雨旗各一柄，都由黑甲士执掌，更有天马、白泽、朱雀旗及木、火、土、金、水五行旗殿后。

威严的旗队之后，又是五辂车的队伍，其中玉辂居中，左金辂，次革辂，右象辂，次木辂。接下来就是声势浩大的伞盖，黄盖一，红大伞二，华盖一，曲盖二，紫方伞一，雉扇四，朱团扇四，羽葆幢、豹尾、龙头竿、信幡、传教幡、告止幡、绛引幡等使仪仗队伍绚丽无比，吸引了无数老百姓驻足观看。

朱元璋此时却没有坐在正中的大黄玉辂中，他身骑一匹枣红马，肩

上扛着的，正是那只北方进贡来的巨鸟——海冬青。

当看见朱元璋肩上扛着一只通体雪白的海冬青，从马背上翻身而下时，刘基吓了一跳，他也不管周围李善长、杨宪、胡惟庸、宋濂、陶安等众臣都在，没有奏报考场的事，就轻蔑地大声说道："还从没听说过带着玩物来贡院巡考的皇帝呢。"朱元璋想扯开话题，说："这只海冬青是蓝玉从北边刚贡进来的，它一见朕就怎么也赶不走了，这才带来了考场。"

刘基仍是咄咄逼人，说："当年皇上你将陈友谅的镂金床砸碎，不是把玩物丧志这四个大字铸在宫门前了吗？皇上是天子，是官员们的表率，如今赏玩禽鸟，以后荒废朝政，如何给万民做出表率。况且，陛下今天前来，要视察乡试考场，这里的考生们，都是要在未来的朝堂上掌管权证的人，皇上不该身先士卒，以身作则吗？"

在众官面前，如此不给自己情面，朱元璋怎么忍得了这口气？他怒道："你这人真是，朕每天天未亮就前去朝堂，天黑了以后还在殿上处理国事，你们大臣之中谁有朕这般辛苦！朕怎么就成了玩物丧志、禽鸟误政了？何况这也是偶然间进贡的一只鸟而已，你实在不必如此小题大做。"

君臣闹僵互相不肯让步，总要有出来打圆场的人，没有比李善长更善于调节的了。只见他说："确实如此，更何况神鸟临朝，也是大吉的征兆。请皇上息怒。"刘基却仍不依不饶地挡在门口，说："无论如何，还请皇上不要扛着鸟去见士子们。"

朱元璋就要发作，却又强压怒气，他从侍从身上拔出宝剑，一是赌气，二也想表现一下自己并非玩物丧志之人，身旁的人都大吃一惊，以为刘基这次是凶多吉少。

只见朱元璋将肩上大鸟抖落下地，一剑刺死，问刘基："这下你不用再唠叨了吧？"

刘基笑了，说："臣向皇上赔罪。"

朱元璋把剑扔在地上，愤恨地说："你这刘伯温，有时真是让人无法容忍！"又转身对群臣说："他虽屡屡犯上，可细想又不是没有道理，如果朕托着鸟儿去见一众士子，他们该有多么失望啊！"从此以后，朱元璋再也没有沉迷于任何玩物。

而玩物丧志这个成语出自《尚书·旅獒》："玩人丧德，玩物丧志"。人们常用"玩物丧志"这个成语来形容醉心于玩赏某些东西或迷恋于一些无利有害的事物，就会丧失或消磨斗志，无所作为。在《左传·闵公二年》里，记载了一则有关卫懿公玩物丧志的故事。

传说在春秋时期，卫国的国君卫懿公特别喜欢鹤，整天无心国事，常年与鹤做伴，不思进取，荒废朝政。他在宫里建造了精美的车子，用来给鹤乘坐，甚至比国家要臣的车子还要豪华许多，弄得民怨载道。后来，北方少数民族狄族来侵略卫国，卫懿公下令要军队前去抵抗。将士们气愤地说："既然鹤的地位那么高，待遇那么好，那么也该是时候报效国家了，就让它们去赶走敌人吧！"卫懿公没办法，只能带兵亲征。结果由于人心不一，大败而归。后来，人们就把和卫懿公一样的德行叫做"玩物丧志"。

看了上面的成语释义以及这则历史故事，我们每一个人都应该反省自己，看看自己在日常工作和生活中是不是做到了谨言慎行，看看自己是不是养成了玩物丧志的毛病。如果没有做到谨言慎行，那就要想办法

铁血建功

朱元璋有话对你说

做到；如果已经养成了玩物丧志的毛病，那就应该想办法尽快改掉。一个人在自己的成功之路上要是输给了客观因素，尚可以原谅，要是输给了自己，那就不可原谅了。这是因为，主观方面的东西一般来说是可以避免的。尤其是一个人明知道某些行为有可能给自己造成不良后果时，仍然抱着侥幸心理，认为自己偶尔为之无伤大雅，结果给自己造成了很大的伤害。像这样的情况，是不能被原谅的。其实，之所以会出现这样的现象，还是因为这样的人缺乏必要的自律意识和自律能力。自律是一种品质，是一种自觉的行为，它需要长期坚持，如果有一天，你的自律大堤被你自己掘开了一个小口，那么，很快，各种不利于你成功的东西就会倾泻如注，直到把你辛苦开垦的良田变成一片汪洋。

总之，在走向成功的过程中，我们应尽可能把所有的事情都做得完美一些，不给别人留下任何把柄。而要做到这一点，首先就需要做到谨言慎行、不玩物丧志。否则，你将丧失别人对你的信任，并在放任自流中失去进取的斗志，导致一事无成。